30일만에 끝나는 ...... 의

KB150202

첫걸음
GO!

30일 완성

KakaoTalk
P 플러스친구
1:1상담

Digis

우리말은 자음 14개(ㄱ,ㄴ,ㄷ···),
모음 10개(ㅏ,ㅑ,ㅓ···)로 되어 있어요.
그럼 우리가 시작하려는 일본어는?

일본어는 히라가나 (ひらがな) 50자,
카타카나 (カタカナ) 50자,
한자(漢字)로 되어 있어.

이 많은걸 어떻게
한번에 외우냐고~

처음부터 50+50=100자나 되는 문자를 외우고 시작하면
좋겠지만, 글자 외우다 일본어를 포기하는 사람이 대부분.

그래서 우리는 문자를 외우지 않고도, 공부를
해 나가다 보면 저절로 문자를 외울 수 있도록
본책을 구성했어. 짱이지?

진짜~~~?
대!!박!!!

차례대로 순서대로 해 나가다 보면 단기간에 문자를 외울 수 있도록 하였으니, 히라가나 외우다 일본어를 포기하지 말고 순서를 지켜 서서히 서서히 진행해 나가도록 하자.

근데 진짜 단기간에 되는거야? 더 쉬운 방법이 있지 않을까?

일본어를 잘 하려면..일본에 직접 가서 살다 오면 저절로 잘 하게 돼.

그러나 현실적으로 이것은 불가능! 우리나라에서 아무리 열심히 외우고 공부한다 한들 몇 개월 일본현지에서 생활하다 온 사람들보다 일본어를 잘 하기가 쉽지 않은 거지.

그! 래! 서!

우리말을 전공하는 일본인인 미카쌤과 저자가 함께 하는 강의용 MP3 CD가 함께 들어 있어, 누구나 학원에 가지 않고 개인과외를 받는 것처럼 공부할 수 있지.

우리 말하는 거예요~

지금껏 나와 있는 강의와는 다르게 미카샘이 들려주는 재미있는 일본 문화 이야기는
일본에 가지 않고도 일본에 간 듯한 효과를 누릴 수 있어.

야.. 우리 일본 다녀 온거
같지 않냐?

좀 일어나!!

그리고 현지 사진과 일러스트도 많이 들어 있어.
지루하지 않게 공부할 수 있어.

또한, 강의 중간중간 원어민의 발음을 듣고 따라할 수 있도록
미카샘이 단어와 문장들을 읽어주며 강의를 진행 해, 책을 보지 않고
길이나 차 안에서 강의만 들어도 일본어학습 효과가 좋아.

나 부끄러워서 말이
안 떨어지는데 어떻게 하지?

얼레리 꼴레리~

그래서 우리나라에서 공부해야 하는 초보자는
일본인들이 생활 속에서 사용하는 단어들을 위주로 외우고
자주 사용하는 문장들로 공부를 하는 것이 지름길이야.

알겠어~ 이 책은 처음에 문자부터 외우고
시작하는 지루한 첫걸음 책이 아니구나.

재미있게 회화문을 공부하면서

문자도 외워나가도록 하자.

문자를 외우는 것은 그때그때 필요할 때 외우라고
표시되었으니, 맞춰서 발음노트에 쓰며 외우면 되겠네.

감바레
がんばれ
화이팅!

이 책의 활용과 구성

1. 일본어의 오십음도

일본어의 기본 글자인 히라가나(ひらがな)와 카타카나(カタカナ)를 보기 좋게 가로, 세로로 나열해 놓은 것을 오십음도 라고 한다. 맛보기로 잘 들어 보면서 따라해 보자.

2. 오늘날 일본의 생활문화

각 과의 처음에 대화문과 관련 있는 현지 생활문화에 대해 미카샘과 저자가 재미있게 설명하였으므로, 한 번 읽어보고 생활에 관련된 강의를 들어보자.

3. 누구나 따라하는 초간단 회화문

본문회화는 현지 생활에서 꼭 필요한 단어와 문장들로, 초간단으로 만들었다. 원어민의 발음을 듣고 따라하면서 회화를 익혀보자.

4. 미카샘과 저자의 재미있는 강의 MP3

미카샘과 저자의 직강으로 본문회화문의 발음이나 문법표현을 개인과외 받아보자. 차 안이나 길 위 어디에서든 책을 보지 않고 강의만 들어도 따라하며 쉽게 일본어를 공부할 수 있다.

5. 쓰기연습 & 일본식 한자 연습

본문에 새로 나오는 글자와 단어를 원어민의
발음을 들으면서 쓰기연습과 발음연습을 동시에
할 수 있도록 하였다.

6. 회화에 꼭 필요한 **문법 설명**

저자의 강의 외에, 회화에 꼭 필요한 문법만을
간단히 설명하였다. 재미있는 일러스트로
쉽고 재미있게 이해하며 일본어의 기초를
다질 수 있다.

7. 연습문제

각 과에서 학습한 내용을 문제를 풀어보며,
확인하고 복습할 수 있다.

부록

미카샘과 함께 하는 저자직강 MP3 CD

원어민 성우가 녹음한
본문 회화문과
미카샘과 함께 하는 저자 직강이
함께 녹음, 편집되어 있다.

합본부록

초간단 일본어 글씨본

오십음도의 순서대로 일본어
글씨를 외울 수 있도록 부록
으로 제공해서 따로 들고
다니며 글자를 외울 수 있다.

오십음도
五十音図

영어발음 표기는 헤본식표기로 여권 등에 사용하는
공식표기법이다.

TRACK 00

あ행	あ ア	い イ	う ウ	え エ	お オ
	아 [a]	이 [i]	우 [u]	에 [e]	오 [o]

か행	か カ	き キ	く ク	け ケ	こ コ
	까 [ka]	끼 [ki]	꾸 [ku]	께 [ke]	꼬 [ko]

さ행	さ サ	し シ	す ス	せ セ	そ ソ
	사 [sa]	시 [shi]	스 [su]	세 [se]	소 [so]

た행	た タ	ち チ	つ ツ	て テ	と ト
	따 [ta]	찌 [chi]	쯔 [tsu]	떼 [te]	또 [to]

な행	な ナ	に ニ	ぬ ヌ	ね ネ	の ノ
	나 [na]	니 [ni]	누 [nu]	네 [ne]	노 [no]

は행	は ハ	ひ ヒ	ふ フ	へ ヘ	ほ ホ
	하 [ha]	히 [hi]	후 [fu]	헤 [he]	호 [ho]

ま행	ま マ	み ミ	む ム	め メ	も モ
	마 [ma]	미 [mi]	무 [mu]	메 [me]	모 [mo]

や행	や ヤ	い イ	ゆ ユ	え エ	よ ヨ
	야 [ya]	이 [i]	유 [yu]	에 [e]	요 [yo]

ら행	ら ラ	り リ	る ル	れ レ	ろ ロ
	라 [ra]	리 [ri]	루 [ru]	레 [re]	로 [ro]

わ행	わ ワ	い イ	う ウ	え エ	を ヲ
	와 [wa]	이 [i]	우 [u]	에 [e]	오 [o]

ん
ン

응 [n.m.ŋ.ɴ]

본문

01 성과 이름

TRACK 01

1. 일본인의 이름

우리나라의 경우, 요즘은 한글이름이나 외자로 된 이름도 있지만 대부분은 한자이름인 경우 성이 한글자 이름이 두글자로 되어 있다. 그러나 일본은 성이 두글자 이름도 두글자인 사람이 많다.

이름은 아이에게 행운과 행복을 기원하는 한자를 선택하거나, 존경하거나 좋아하는 사람의 이름을 따서 짓는다. 일본 정부는 2010년 총 2,930개의 한자를 이름에 사용할 수 있도록 확정하였다.

재미로 보는 일본인의 성 베스트3

1위 さとう（佐藤） 사또-

2위 すずき（鈴木） 스즈끼

3위 たかはし（高橋） 다까하시

우리가 흔히 알고 있는 たなか（田中）는 4위를 차지해.
다나까

이름 베스트3

남

1위	ひろし（博） 히로시
2위	としお（利雄） 또시오
3위	よしお（良夫） 요시오

여

1위	よしこ（良子） 요시꼬
2위	けいこ（恵子） 께-꼬
3위	かずこ（和子） 까즈꼬

요시꼬 よしこ
히로시 ひろし
께-꼬 けいこ
또시오 としお
까즈꼬 かずこ
요시오 よしお

우리나라와는 달리 여성은 결혼을 하면 신랑의 성을 따라 바뀌게 돼.

2. 명함의 한자 읽기

명함에 있는 한자의 경우 발음이 같아도 쓰이는 한자가 다른 경우도 있으므로, 처음부터 한자를 다 외우려 하지 말고, 상대방의 명함을 받았을 때 한자를 모를 경우 물어봐도 부끄러운 일이 아니다.

힝~ 다 모르겠어..

모르는게 죄는 아니여~ 하지만 공부 좀 해라!

3. 상대방을 부르는 호칭

상대방을 부르는 호칭은 매우 다양하다. 어느 나라말이나 가장 기초적이면서도 어려운 일 중의 하나이기도 하다. 그 나라의 문화를 모르면 상대방을 어찌 불러야할지 모르기 때문이다.

일본에서는 성과 이름을 차례대로 쓰는데, 성이나 직책 뒤에 ~さん상~씨, 님을 붙여 부른다. 영어의 Mr.나 Mrs.(Ms.)와 같다.

어떻게 상대를 불러야 하지?

무야? 세진 상~ 여기서 뭐해요?

헉! 깜짝이야..
아~ ~さん상을 붙이면
되는구나~

안녕~ 다마네기 さん상~

우리가 일본에 여행가면 백화점이나 쇼핑센터에서 제일 많이 들리는 소리가
お客様 오꺅사마 이다. おきゃく 오꺅 **손님** 뒤에 さま 사마 를 붙여 정중한 뜻을 나타낸다.
또한 상대방의 아내를 부를 때도 마누라 보다는 **사모님**이라고 부르는 것이
예의일 터! 이럴 때는 奥様 옥사마 또는 奥さん 옥상 이라고 부르면 된다.

어린 아이나 가까운 친구 또는 애완용 동물들에게는 이름 뒤에 ～ちゃん쨩, ～君 꿍 **～야**,
～양, ～군 을 붙인다.

01 | 일본인의 이름

일단 듣기 V ● ● > 체크업!! ● ● ● > 말하기 ● ● ●

다나까상
た なか
田中さん　　　　일반적인 사이

다나까씨

다나까꿍
た なか くん
田中君　　　아랫사람이나 동년배의 남자를 부를 때

다나까군

다나까쨩
た なか
田中ちゃん　　아랫사람이나 동년배 여자를 부를 때

다나까양

후꾸다상
ふく だ
福田さん

후꾸다씨!

✓ 대화 내용의 구문 및 문법 핵심을 알아두자!

田中^상さん
일본인의 성 ~씨, ~님

ん의 발음:
문장끝에 올 때 우리말 [ㅇ]으로 발음해.

田中^꿍君
~군

くん 꿍이라고 발음해.

田中^쨩ちゃん
~군, ~양

히라가나의 요음 ^야や ya 를 반정도 크기로 줄여 쓰며,
앞의 글자와 합쳐서 발음해.
예 ^찌ち+^야ゃ = ^쨔ちゃ

福田^상さん
여기서는 だ 다 로 발음

요음은 3개가 있다.
ya yu yo
【や・ゆ・よ】

예 ^찌ち+^야ゃ = ^쨔ちゃ
^찌ち+^유ゅ = ^쮸ちゅ
^찌ち+^요ょ = ^쬬ちょ

| 일단 듣기 V ● ● | 체크업!! ● ● ● | 말하기 ● ● ● |

까쬬-(상)
か ちょう
課長(さん)　　　과장님!

다나까 센세-
た なか せんせい
田中先生　　　다나까 선생님

끼무라꿍
き むらくん
木村君　　　기무라군

즁꼬쨩
じゅんこ
順子ちゃん　　　준꼬짱

네꼬쨩
ねこ
猫ちゃん　　　야옹아~

わんちゃん 완쨩
멍멍아~, 강아지야~ 라는 뜻~

✓ 대화 내용의 구문 및 문법 핵심을 알아두자!

直책에 さん을 붙여 불러.

課長さん ^상
과장
상대방의 과장님을 부를 때

∼님에 해당하는 말을 따로 붙이지 않아.
센세- (o), 센세이 (x)
[에] 뒤에 오는 [이,에]는 장음으로 발음해.

田中先生 ^{센 세-}
せんせい 선생님
학교나 병원에서
선생님을 부를 때

木村君
남자 후배, 동년배를 부를 때

順子ちゃん
친구를 부를 때, 동년배를 부를 때

猫ちゃん ^{네꼬}
ねこ
고양이(애완동물)를 부를 때

고양이를 사람취급해서
ちゃん 쨩을 붙여 부르기도 해.

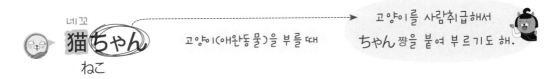

우선, 한자를 쓸지는 몰라도
읽는 법 정도는 알아두자.

TRACK 01

글자 쓰기

た ta 따							
な na 나							
か ka 까							
さ sa 사							
ん n,m,ŋ,N ㄴ,ㅁ,ㅇ							
ま ma 마							

단어 쓰기

다나까 たなか 다나까 성씨			
상 さん ～씨, 님			
사마 さま ～님			
꿍 くん ～군			
쨩 ちゃん ～군,～양			

일본식 한자 연습

TRACK 01

한자를 쓰는 것 보다 어떻게 읽는지 주의 깊게 살펴보자.

한자	읽기			쓰기

田中
た なか
다 나까
다나까

❶ 田中
た なか
❷ ❸ ☑ ☐ ☐

君
くん
꿍
~군

❶ 君
くん
❷ ❸ ☐ ☐ ☐

課長
か ちょう
까 쬬-
과장님

❶ 課長
か ちょう
❷ ❸ ☐ ☐ ☐

先生
せんせい
센세-
선생님

❶ 先生
せんせい
❷ ❸ ☐ ☐ ☐

お客
きゃく
오 꺄꾸
손님

❶ お客
お きゃく
❷ ❸ ☐ ☐ ☐

様
さま
사마
~님

❶ 様
さま
❷ ❸ ☐ ☐ ☐

연호란?

일본은 우리가 사용하는 년도(서기)와 함께 연호라는 것을 함께 사용한다.

우리나라에서 올림픽이 열렸던 1988년이 昭和 쇼-와 63년이며, 이듬해인 1989년 平成 헤-세- 원년이 시작되었다. 연호는 천왕이 즉위할 때마다 달라진다. 平成연호는 현재의 천왕인 明仁천황이 즉위하면서 시작되었으며, 2019년 4월 양위를 할 예정이다.

관공서 등에서는 연호만 사용할 때도 있으므로 알아두면 좋아.

연호		서기
平成	1년	1989년
↓	↓	
平成	29년	2017년
平成	30년	2018년

Q 월드컵이 열렸던 2002년은 平成 몇 년이었을까?

Q 平成 24년은 서기 몇 년도였을까?

동전에는 연호만 표기되어있어. 2012년도에 만들어진 100엔짜리 동전이지.

 정답 1. 2002-1988=14 **平成14년**   2. 24 + 1988 = 2012 **2012년**

연습문제

1. 다음의 그림을 보고 어떤 호칭을 사용해야 할지 〈보기〉에서 골라 써 보세요.

 보기

- くん 꿍
- さん 상
- せんせい 先生 센-세-
- ちゃん 짱
- かちょう 까쬬-
- さん 상

 예

やまどり
(山鳥)

➡ 山鳥 かちょう

① きむら
（木村）

➡

② ふくだ
（福田）

➡

③ たなか
（田中）

➡

④ じゅんこ
（順子）

➡

⑤ すずき
（鈴木）

➡

 정답　1. 木村くん　2. 福田さん　3. 田中せんせい　4. 順子ちゃん　5. 鈴木さん

02 일본어의 특징

TRACK 02

일본의 인구는 약 1억 3,000만 명 정도로 대부분이 일본어를 사용하고 있다. 중국의 한자가 우리나라를 거쳐 5~6세기경 전해진 후, 한자에서 변형된 **히라가나와 카타카나**가 만들어져 일본어의 문자가 되었다.

일본의 **표준어는 수도인 도쿄를 중심으로 사용되는 언어**로 TV방송 및 라디오, 영화와 같은 미디어의 영향으로 전국적으로 사용되고 있다. 그러나 교토나 오사카, 오키나와 등 지방 사람들이 사용하는 방언(지방 사투리)이 여전히 많이 사용되고 있기도 하다.

1. 일본어의 문자

❶ **ひらがな** + ❷ **カタカナ** + ❸ **漢字**
　 히라가나 　　　　　 카타카나 　　　　　 한자

꾹!!

내가 한 번 한다면 하는 걸 보여주지!!

본 책에서는 도쿄를 중심으로 하는
표준어를 중심으로 학습해.

1 ひらがな 히라가나

한자를 간단하고 부드럽게 흘림체로 만든 것으로 오늘날 모든 문장, 인쇄, 필기 등에 고루 쓰인다.

2 カタカナ 카타카나

카타카나 는 한자의 일부나 획을 간단히 해서 만든 것으로 외래어·인명·지명·의성어·의태어·문장을 강조할 때 등에 쓰인다.

3 漢字 한자

1981년부터 소학교(초등학교) 과정에서 **996字**를, 중학교 과정에서 **949字**를 더해 모두 **1,945字**를 상용한자로 지정하여 가르치고 있다. 우리의 한자와 대부분 뜻과 쓰는 법이 같으나, 속자에서 비롯된 **신자체(新字体)**를 고안하여 배우기 쉽고 쓰기 쉽도록 하였다.

일본식 한자는 우리나라 한자와 모양이 같은 것도 있고 다른 것도 있어.

기본적인 어순은 우리말과 비슷하여 우리말 단어나 조사, 동사 등을 순서대로
바꾸면 된다.

와따시   와   각세-   데스

わたし は がくせい です 。

나   는   학생   입니다   .(마침표)

와따시와 오 겡끼~~데쓰~

3. 쉼표와 마침표

원래 일본어는 띄어쓰기가 없으나 학습자들을 위해 본교재에서는 띄어쓰기를 했다.
세로쓰기가 일반적이었으나 요즘은 학습자용 교재나 과학, 기술, 정기 간행물
등은 가로로 쓰는 경우가 많다.

공부시작한지..10분만에
잠드는 신공....
대단한데~

일본 드라마로 공부를 전향해 볼까...
졸.. 립...다...

우리말 쉼표   ,   우리말 마침표   .

이 정도는
구분할 수 있을 거 같아~

↕   ↕

일본어 쉼표   、   일본어 마침표   。

세로쓰기가 일반적이었으나 요즘은
학습자용 교재나 과학, 기술, 정기 간행물
등은 가로로 쓰는 경우도 많아.

4. 정중한 표현

일본어에는 **게이고**라는 표현방법이 있다. 우리말의 존경어와 비슷한 개념으로
상대방에게 예의나 친절함, 정중한 마음을 나타내는 것이다.
겸양어는 자신을 낮춰 말하는 것으로 결론적으로는 상대방을 높이는 표현이 된다.
게이고를 익히는 것은 쉽지 않으나 자주 듣게 되는 표현은 본문에서 학습하도록 하자.

밥은... 같이 먹었잖니?

친애하는 아바마마!
진지는 잡수셨사옵니까?

TRACK 02

일단 듣기 V ● ● 체크업!! ● ● ● 말하기 ● ● ●

다나까꿍와 각세-데스까

た なかくん　　がくせい
田中君は　学生ですか。

다나까군은 학생입니까?

하이, 보꾸와 각세-데스

はい、ぼくは　学生です。

네, 저는 학생입니다.

야마모또상와 각세-데스까

やまもと　　　がくせい
山本さんは　学生ですか。

야모모토씨는 학생입니까?

이-에, 와따시와 각세-데와 아리마셍

わたし　　がくせい
いいえ、私は　学生では　ありません。

아니오, 저는 학생이 아닙니다.

✓ 대화 내용의 구문 및 문법 핵심을 알아두자!

田中君は 学生ですか。

가 세ー

학생

~은/는   がくせい 학생

의문을 나타내는 조사야.

한자와 발음에 유의!

はい、ぼくは 学生です。 *p36 참조

네   나, 저 *p37 참조

긍정의 대답

~입니다.
~だ ~이다 의 정중한 표현

山本さんは 学生ですか。

~입니까?

~이 아닙니다. *p38 참조
= では ありません

いいえ、私は 学生では ありません。

아니오   나, 저

부정의 대답

は는 일반적인 발음은 [ha 하]이지만
조사로 쓰일 경우 [wa 와]로 발음해.

쓰기 연습

TRACK 02

글자 쓰기

わ wa 와	
は ha 하	
が ga 가	
せ se 세	
で de 데	
す su 스	

단어 쓰기

와따시 わたし　나, 저			
각세- がくせい　학생			
데스 ~です　~입니다			

일본식 한자 연습

 한자를 쓰는 것 보다 어떻게 읽는지 주의 깊게 살펴보자.

한자	읽기	쓰기

わたし
私
와따시

나, 저

❶ 私 ❷ ········· ❸ ·········
わたし

☑ ☐ ☐

がくせい
学生
각세-

학생

❶ 学生 ❷ ········· ❸ ·········
がくせい

☐ ☐ ☐

> がくせい
> 学生 각세-는 가꾸세이라고 발음하지 않도록 주의해.
>   세-   에   이 에
> せい 의 경우, え단 뒤의 い/え는 장음으로 발음해.

せんせい
先生
센세-

선생님

❶ 先生 ❷ ········· ❸ ·········
せんせい

☐ ☐ ☐

> 학생과 마찬가지로 선생님의 발음에 주의해.
>   せんせい
> 예 先生   센세-(○)   선생님
>   센세이(✕)

일본어의 특징 35

혼자서 스스로 **문법 설명**

01

たなかくんは 学生（がくせい）ですか。

다나까꿍와 각세-데스까

다나까군은 학생입니까?

---

1 **~は** 와 **~은/는**

~は는 우리말의 **~은/는**에 해당하는 주격조사이다.
일본어도 우리말과 같이 명사에 조사가 붙어 주어,
목적어 등을 나타낸다.

명사 + **~は** (와)

~ 은/는

---

2 학생은 한자로 學生, 히라가나로 がくせい라고 쓰고 각세-라고 읽는다.
우리나라 한자로는 배울 학(學)을 써서 學生이라고 쓰지만, 일본식 한자는
앞에서 말한 것과 같이 간단하게 学生이라고 쓰는 것이다.

學生 (학생)
우리나라 한자

学生 (각세-)
일본식 한자

---

3 **~です** 데스는 ~だ다 ~이다 의 정중한 표현으로 **~입니다** 라는 뜻이다.
か는 의문조사로 우리말에서도 물어볼 때 문장 뒤에 **까?**를 붙이는 것처럼
일본어에서도 발음도 비슷한 か를 문장 맨 뒤에 붙여 의문문을 나타낸다.
우리말은 의문문의 마지막에 **~?** 물음표를 붙이지만, 일본어에서는 。를 붙이고
끝을 약간 올려 읽는다.

~です (데스) **+ か** (까) ( ) ~입니까?

~입니(다)　까?

02

はい、ぼくは 学生です。
_{がくせい}

하이, 보꾸와 각세-데스

네, 저는 학생입니다.

---

1 **はい** 하이는 **네**라는 긍정의 대답이고, **いいえ** 이-에는 **아니오**라는 부정의 대답이다.

하이 **はい**	이-에 **いいえ**
네	아니 오

2 **ぼく 나, 저**

ぼく 보꾸 는 한자로 **僕**라고 쓰며, 남자가 자신을 가리키는 1인칭 대명사이다. 일반적이고 공식적인 자리에서 많이 쓰이는 1인칭 대명사는 남, 여 공용으로 쓰이는 **わたし** 와따시 이다. 남자들은 **わたし**, **ぼく** 보꾸, **俺** 오레 등을 사용하며, 여자들은 **わたし** 와따시, **あたし** 아따시 등을 사용한다.

와따시 **わたし** 나, 저	아나따 **あなた** 너, 당신
1인칭 대명사	2인칭 대명사

	남·여 공용	남성어	여성어
1인칭 나, 저	와따시(와따꾸시) **わた(く)し**	보꾸　오레 **ぼく·おれ**	아따시 **あたし**
2인칭 너, 당신	아나따 **あなた**	끼미　오마에 **きみ·おまえ**	안따 **あんた**

03

いいえ、私は 学生では ありません。

이-에, 와따시와 각세-데와 아리마셍

아니오, 저는 학생이 아닙니다.

1 〜では ありません 데와 아리마셍 〜이 아닙니다

〜です 입니다의 부정표현은 〜では ありません 〜이 아닙니다이다.
가까운 사이일 때 사용하는 〜だ 〜이다의 부정표현은 〜では ない 〜이
아니다 이다.

가까운 사이의 표현

다
〜だ

〜이다

데와 나이
〜では ない

〜이 아니다

정중한 표현

데스
〜です

〜입니다

데와 아리마셍
〜では ありません

〜이 아닙니다

와따시와 센세-다
- わたしは 先生だ。 나는 선생님이다.

와따시와 센세-데와 나이
- わたしは 先生では ない。　　　　　　　　　　나는 선생님이 아니다.

와따시와 센세-데와 아리마셍
- わたしは 先生では ありません。　　　　　　　나는 선생님이 아닙니다.

와따시와 센세-데와 나이데스
　= 　　〃　　では ないです。　　　　　　　　　　　〃

1. 보기에 주어진 단어를 나열하여 문장을 완성하세요.

보기

くん　です　たなか　か　。　は　学生

다나까군은 학생입니까?

➡ _____

2. 우리말에 해당하는 일본어를 써 넣으세요.

저　　눈　　학생　　입니다　　•마침표

➡ _____

3. はい의 반대말을 고르세요.

① です　　② いいえ　　③ さん

정답

1. たなかくんは　がくせいですか。　2. わたし　は　がくせい　です　。　[저]　[는]　[학생]　[입니다]　[.]
3. ② 아니오

일본어의 특징　39

03 인사말

TRACK 03

일본에는 다양한 인사말이 있다. 만났을 때 우리와는 다르게 **아침 · 점심·저녁에 따라 인사말이 다르며**, 상대방에 따라, 상황에 따라 다르게 표현할 수도 있다. 헤어질 때도 마찬가지로 다양한 표현이 있으며 이번과에서는 가장 자주 쓰이는 표현들에 대해 알아보도록 하자.

1. 안녕! 안녕하세요! 만났을 때 인사

1 **아침** **おはよう。** 오하요- **안녕! 안녕하세요!**

집에서 아침에 눈 뜨자마자 만나는 가족에게 서로 인사할 때

자식이 부모에게, 부모가 자식에게, 형제자매끼리 서로 서로 인사할 수 있다. 더 정중한 표현으로 **おはよう ございます。** 오하요- 고자이마스 라고도 한다.

등교, 출근길에 친구나 선생님, 회사 동료, 직장 상사 등에게 인사할 때

학교에 가다 만난 친구나 선생님, 출근길에 만나는 경비아저씨, 버스
아저씨 또는 회사 동료나 직장 선후배 관계의 사람들을 만났을 때 서로
서로 인사할 수 있다.

2   점심 **こんにちは。** 곤니찌와   안녕! 안녕하세요!
    저녁 **こんばんは。** 곰방와

아침인사와 마찬가지로 여러 사람들에게 인사할 수 있으나 뒤에 ございます 고자이마스를 붙여서 인사할 수는 없다.

2. 고마워(요).

1 ありがとう。
아리가또-

영어의 Thank you.에 해당하는 표현이 ありがとう。 아리가또- 이다.
ありがとう　ございます。 아리가또- 고자이마스 는 더 정중한 표현으로 Thank you very much. 정도에 해당한다.

2 どうも
도-모

이 외, 앞집에서 음식을 나누어 주었을 때, 길을 물었을 때, 문을 열어주었을 때, 떨어뜨린 지갑을 주워주었을 때 등 일상생활에서 많이 쓰이는 표현으로 고마움의 표시를 할 때 どうも。 도-모 라고도 한다.

3. **おかえり。** 어서 와, (학교·회사) 잘 갔다 왔니?, 어서 오세요.
_{오까에리}

1 학교 갔다 돌아 온 자식에게, 직장에서 퇴근 하고 돌아온 사람에게는 おかえり。_{오까에리} 라고 한다.

2 **いらっしゃいませ。** _{이랏샤이마세} 상점에서

일본으로 여행가면 제일 많이 들리는 소리가 いらっしゃいませ。_{이랏샤이마세} 이다. 상점이나 식당, 백화점, 시장 등에서 상인들이나 점원들이 큰소리로 손님을 맞으면서 하는 말이다. 요즘은 우리나라의 명동거리나 일본인들이 많이 오는 부산, 제주도 등의 백화점, 쇼핑 거리에서도 들릴 정도이다.

TRACK 03

일단 듣기 ✔ ● ● ▶ 체크업!! ● ● ● ▶ 말하기 ● ● ●

오하요-
おはよう。　　안녕(하세요).　아침인사

곤니찌와
こんにちは。　　안녕(하세요).　점심인사

곰방와
こんばんは。　　안녕(하세요).　저녁인사

아리가또-
ありがとう。　　고마워(요).

도-이따시마시떼
どういたしまして。　　천만에(요).

이랏샤이(마세)
いらっしゃい(ませ)。　　어서 와. (어서 오십시오.)

집이나 상점에서 손님을 맞이할때

✓ 대화 내용의 구문 및 문법 핵심을 알아두자!

おはよう。
[ha] 하

こんにちは。
콘 니 찌 와

[wa 와] 조사로 쓰일 때

[n, m, ŋ]로 발음 됨

뒤에 [d•n] 발음이 올 때 ➡ [n]

뒤에 [b•m] 발음이 올 때 ➡ [m]

뒤에 [ŋ] 발음이 올 때 ➡ [ŋ]

こんばんは。
콤 밤 와

[wa 와] 조사로 쓰일 때

ありがとう。
아 리 가 또 -

장음으로 길게 발음
아리가또- (o), 아리가또우 (x)

どういたしまして。
도- 이 따 시 마 시 떼

장음으로 발음
발음을 따라하며 한숨에 내뱉자!

いらっしゃい(ませ)。

히라가나 [つ]를 반정도 크기로 쓰며, 우리발음 [人]에 해당해.

뒤에 [ㄱ,ㄲ] 음이 올 때 ➡ ㄱ받침

뒤에 [ㅂ,ㅍ] 음이 올 때 ➡ ㅂ받침

뒤에 [ㅌ,ㅅ,ㅊ] 음이 올 때 ➡ ㅅ받침

글자 쓰기

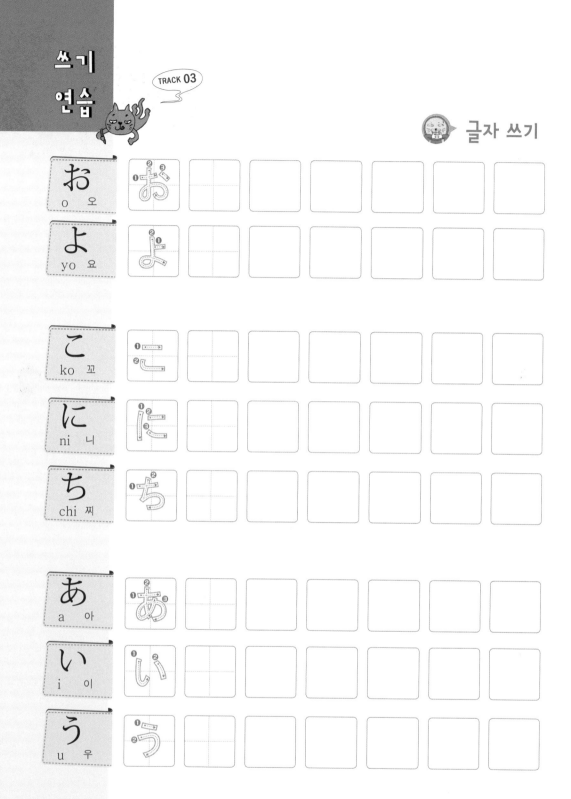

お o 오

よ yo 요

こ ko 꼬

に ni 니

ち chi 찌

あ a 아

い i 이

う u 우

아리가또-
ありがとう
감사합니다

도-이따시마시떼
どういたしまして
천만에요

이랏샤이
いらっしゃい
어서오세요

TRACK 03

한자를 쓰는 것 보다 어떻게 읽는지 주의 깊게 살펴보자.

한자	읽기	쓰기

こんにち
今日は
곤니찌와
안녕(하세요).

今日は
❶ ❷ ❸
こんにちは

V ☐ ☐

인사말에 쓰이는 한자는 쓰기보다
글자의 생김새를 잘 보아두도록 하자.

こんばん
今晩は
곰방와
안녕(하세요).

今晩は
❶ ❷ ❸
こんばんは

☐ ☐ ☐

연습문제

1. 아침에 만났을 때 하는 인사말을 고르세요.

① おはよう。   ② こんにちは。   ③ こんばんは。

2. A에 대한 답으로 적절한 것은?

Ⓐ ありがとう。
아리가또-

Ⓑ (   )

①こんばんは。

②いらっしゃい。

③どういたしまして。

3. 학교나 회사에 갔다 집에 돌아와서 하는 인사말은?

① いらっしゃい。   ② ただいま。   ③ どういたしまして。

4. 밑줄 친 は의 발음이 다른 하나는?

① お<u>は</u>よう。   ② こんにち<u>は</u>。
③ こんばん<u>は</u>。   ④ 私<u>は</u>　学生です。

 정답   **1.** ①   **2.** ③ 천만에요.   **3.** ② 다녀왔습니다.   **4.** ① 설명 ①은 [ha], ②③④는 [wa]

04 도쿄와 교토

일본의 **수도는 도쿄(東京)**이다. 일본은 **4개의 큰 섬**과 많은 작은 섬들로 이루어진 섬나라이며, 면적은 378,000㎢으로 독일, 베트남 등과 비슷한 크기의 면적이다. 대부분이 산지로 이루어져 있으며, 지진과 화산 활동이 잦고 온천이 많이 발달되어 있다.

인구는 약 1억 2727만명 2013년 9월 현재 으로 우리나라 인구의 2배가 훨씬 넘는다.

〈료칸(일본식 온천)에서 나오는 고급 코스 요리〉

4개의 큰 섬은 지도에서 보듯이 홋카이도 北海道・ 혼슈 本州・ 시코쿠 四国・큐슈九州
이며, 수도인 도쿄는 혼슈 本州의 동쪽에 위치해 있다.

지명을 학습하는 것은 어려운 편이나 일본의 주요 섬들은 알아두는 편이 좋아. 여행을 하거나 뉴스나 날씨 등을 볼 때 자주 나오는 지역이므로 어디에 위치해 있는지, 어떻게 한자를 읽는지 등은 알아두도록 해.

TRACK 04

일단 듣기 ✔ ● ● ❯ 체크업!! ● ● ● ❯ 말하기 ● ● ●

고꼬와 도꼬데스까
ここは　どこですか。

여기는 어디입니까?　지도에서 도쿄를 가리키며

도쿄 스카이트리

도-꾜-데스
東京です。

도쿄입니다.

데와, 고꼬와 도꼬데스까
では、ここは　どこですか。

그럼, 여기는 어디입니까?　쿄토를 가리키며

소꼬와 교-또데스
そこは　京都です。

거기는 교토입니다.

교토타워

✓ 대화 내용의 구문 및 문법 핵심을 알아두자!

ここは どこですか。

여기 · p56 참조 · p57 참조 어디

東京です。

> 도쿄는 행정상 23개의 구(区)로 나뉘어.
> 도청 소재지는 신주쿠구(新宿区)에 있어.

일본의 수도 とうきょう
인구 ; 약 1,330만명 (2014)

では、ここは どこですか。

=じゃ 쟈 그럼, 그러면

そこは 京都です。

거기 · p58 참조

> 경제 · 문화 · 관광의 중심지야.

일본의 옛 수도 きょうと
인구 ; 약 1,460만명 (2014)

쓰기 연습

TRACK 04

글자 쓰기

と to 또	
き ki 끼	
ど do 도	
そ so 소	

단어 쓰기

こ こ (고꼬) 여기			
ど こ (도꼬) 어디			
そ こ (소꼬) 거기			

한자를 쓰는 것 보다 어떻게 읽는지 주의 깊게 살펴보자.

한자	읽기	쓰기

とう きょう
東京
도- 꾜-

도쿄

東京
❶ ❷ ❸
とう きょう

☑ ☐ ☐

きょう と
京都
쿄- 또

교토

京都
❶ ❷ ❸
きょう と

☐ ☐ ☐

도쿄와 교토의 한자 중, 공통적으로 京^{きょう}가
쓰이는 것을 잘 보아 두자.

〈교토의 류안지〉

01

고꼬
ここ
여기, 이 곳

소꼬
そこ
거기

아소꼬
あそこ
저기

도꼬
どこ
어디

나에게서 가장 가까이 있을 때는 **こ**, 조금 떨어져 있을 때는 **そ**, 조금 더 멀리 떨어져 있을 때는 **あ**, 의문문은 **ど**를 사용한다.

ここは どこ。
고꼬와 도꼬
여기는 어디야?

そこは 大阪。
소꼬와 오사까
거기는 오사카야.

おおさかじょう
大阪城   오ー사카죠ー
오사카성은 우리가 잘 알고 있는 豊臣秀吉(도요토미 히데요시)가 1583년 오사카에 지은 성이다. 금박 기와, 금장식을 붙인 천수각은 벚꽃이 아름다워 관광지로도 유명하다.

1 **どこですか**　어디입니까?

どこ는 우리말의 **어디**라는 뜻으로 영어의 where에 해당한다.

　　토이레와　　도꼬데스까
● **トイレは　どこですか。**　　　　　화장실은 어디입니까?

　　　　　　　니　아리마스까
　＝　　　〃　　に　**ありますか。**　　화장실은 어디에 있습니까?

▶▶ **トイレ** 토이레 화장실

2 **では**　그럼, 그러면

では는 우리말의 **그럼, 그러면**의 뜻으로, 말을 돌릴 때 사용한다.
회화체에서는 줄여서 **じゃ**라고도 많이 한다.

02 きょうと
京都 교토

〈교토 기온 축제〉

794년~1868년까지 약 1,000년간 일본의 수도였던 **교토**는 혼슈의 서쪽 중앙에 위치하며, 일본 서쪽지역의 중심지이기도 하다. 세계적으로 유명한 관광지로 오랜 전통의 도시이다.

교토 가까이에 **오사카 大阪**, **고베 神戸** 등이 한데 모여 일본 서쪽지역의 경제의 おおさか こうべ

중심지를 이룬다. 이들 지역을 합쳐 **간사이 関西** 지역으로 부르며, 도쿄를 かんさい

중심으로 하는 동쪽 지역을 **간또ー 関東** 지역이라 한다. かんとう

이 지역 사람들은 간사이방언(사투리)를 사용하지만, 우리가 배운 표준어를 사용해도 대화가 가능하므로 우선은 도쿄를 중심으로 한 표준어를 기본으로 학습하도록 해.

〈교토 키요미즈테라〉

교토에는 17개의 건축물이 세계문화유산으로 지정되어 있는데, 우리에게 유명한 것은 교토시 전체를 내려다 볼 수 있는 절인 키요미즈테라 **清水寺**가 있다. きよみずてら

연습문제

1. 다음 중, 일본의 수도는 어디입니까?

① 京都　② 大阪　　③ 東京

2. A에 대한 답으로 적절한 것은?

Ⓐ ここは　どこですか。
고꼬와 도꼬데스까

Ⓑ (　　　　　　　)

とうきょう
① 東京です。

② いらっしゃい。

がくせい
③ 学生です。

3. A와 B에 적당한 말은?

Ⓑ

Ⓐ

ここ

〈말하는 사람〉

〈듣는 사람〉

	Ⓐ	Ⓑ
①	そこ	あそこ
②	そこ	どこ
③	どこ	あそこ

정답 　1. ③　2. ①　3. ①　설명 말하는 사람 가까운 곳은 [ここ], 듣는 사람 가까운 곳은 [そこ],
둘 다 멀리 떨어져 있는 곳은 [あそこ]

05 일본식 집밥

일본식 집밥의 기본은 우리나라와 비슷하다. 기본적으로 아침, 점심, 저녁의 주식인 쌀을 중심으로 된장국, 구운 생선, 계란말이, 냉두부, 채소절임, 김, 낫또 등을 함께 먹는다. 이것을 기본으로 가족의 기호에 맞게 조리한 야채, 소고기, 돼지고기, 닭고기, 사시미(회), 카레와 같은 음식들을 곁들여 먹는다.

아이들은 스파게티나 햄버거 등을 좋아하기도 하지.

일본의 숟가락과 젓가락은 대부분 나무로 만들어져 있으며, 밥은 숟가락이 아닌 젓가락으로 먹고, 국은 입으로 마신다. 숟가락으로 먹지 않기 때문에 밥공기나 국그릇은 들고 먹는 것이 당연하며 예의에 어긋난 것이 아니다.

TRACK 05

일단 듣기 ✔ ● ● ▶ 체크업!! ● ● ● ▶ 말하기 ● ● ●

고레와 난데스까

これは 何^{なん}ですか。

이것은 무엇입니까?

고한데스

ご飯^{はん}です。

밥입니다.

데와, 고레와 난데스까

では、これは なんですか。

그럼, 이것은 무엇입니까?

소레와 미소시루데스

それは 味噌汁^{み そ しる}です。

그것은 된장국(일본식)입니다.

✓ 대화 내용의 구문 및 문법 핵심을 알아두자!

*p 66 참조   *p 67 참조

これは 何ですか。

이것

なん 무엇

ご飯です。

*p 68 참조

대화를 좀 더 부드럽고
자연스럽게 하는 접두어

はん 밥, 식사

~입니다.

では、これは なんですか。

은

それは 味噌汁です。

그것

しる 국

みそ 된장   +

= 된장국

쓰기 연습

TRACK 05

글자 쓰기

れ re 레						
ご go 고						
は ha 하						
み mi 미						
し shi 시						
る ru 루						

단어 쓰기

고레 これ 이것			
소레 それ 그것			
고항 ごはん 밥			

일본식 한자 연습

 한자를 쓰는 것 보다 어떻게 읽는지 주의 깊게 살펴보자.

| 한자 | 읽기 | 쓰기 |

なん, なに
何
난, 나니

무엇, 어떤

何
❶ 何 ❷ ━━━━ ❸
なん, なに

☑ ☐ ☐

はん
ご飯
고 항

밥

ご飯
❶ ━━━━ ❷ ━━━━ ❸
ご はん

☐ ☐ ☐

우리나라처럼 밥(식사)은 드셨어요?와 같이 식사를 의미하기도 해.

み そ しる
味噌汁
미 소 시루

된장국

味噌汁
❶ ━━━━ ❷ ━━━━ ❸
みそしる

☐ ☐ ☐

01

| 고레 **これ** 이것 | 소레 **それ** 그것 | 아레 **あれ** 저것 | 도레 **どれ** 어느 것 |

앞 과에서 이미 こ고·そ소·あ아·ど도 에 대해 알아보았다. 같은 맥락으로 사물을 가리키는 지시대명사에 대해 알아보자.

これ 고레 는 영어의 this에 해당하며, **이것**, 이라는 뜻이다. 나와 가까이에 있는 물건을 가리킨다. これ 고레로 물어 오면, それ 소레로 대답하는 것이 일반적이다.

これは ^{なに}何。
고레와 나니
이건 뭐야?

^つ漬け^{もの}物。
쯔께모노
쯔께모 노 (절임반찬)이야.

눈꼽 좀 떼고 말해.

漬け^{つ もの}物 쯔께모노
피클, 장아찌 같이 식초, 소금, 된장 등으로 절인 채소나 야채의 절임반찬. 일본의 식단에는 기본으로 나오는 반찬이다. 주로 오이, 단무지, 매실, 피클, 우엉, 당근 등이 나온다. 약간 짭조름하면서 새콤달콤하며 아삭거리는 씹는 맛을 제공한다.

02

何^{なん}+です+か

난　데스　까

무엇　입니　까?

なん 난·**なに** 나니는 우리말의 **무엇, 무슨, 몇**이라는 뜻으로 영어의 what에 해당한다.

何
❶ **なん** 난
❷ **なに** 나니

무엇, 무슨, 몇

> なん 난·なに 나니는
> 우리말의 무엇, 무슨, 몇이라는 뜻이야.

한자 **何**은 **なん·なに**의 두가지 읽는 법이 있는데, 보통은 **なに**나니 라고 읽지만, 뒤에 오는 말에 따라 **なん** 난으로 읽을 때가 있다.

何를 なん으로 읽는 경우

뒤에 오는 단어의 **첫 음이 ㄴ, ㄷ, ㅌ**일 때	뒤에 오는 단어가 수량, 길이 같은 **의존명사**가 올 때
난 데스까 • **なん**ですか。	난 지데스까 • **なん**じですか。 　　　　時 의존 명사
무엇입니까?	몇 시입니까?
[ㄷ]로 첫음이 시작됨	**時**: 시간을 나타내는 의존명사

03

ご + 飯 밥

고 + 항

일본어에서는 단어 앞에 お 오·ご 고 를 붙여 말하면서 **상대방에 대한 정중한 뜻이나 존경의 뜻을 나타낸다.** 대화를 좀 더 부드럽고 아름답게 하는 경우도 사용한다. 자주 나오는 표현들은 나올 때마다 알아두도록 하자.

ご를 붙이는 경우

고쥬-쇼
じゅうしょ
ご住所   주소

お를 붙이는 경우

오나마에
なまえ
お名前   성함, 이름

일본여행을 가서 호텔 등의 숙박시설에 가면 숙박카드를 작성해야 하는데, 기본적으로 주소와 이름 등을 적게 되어 있어.

04

みそ 된장 + 汁 국

미소   시루

味噌는 **된장**, 汁는 **국,국물**을 뜻하며, 합쳐져서 **된장국**을 의미한다. 이렇듯 단어와 단어가 합쳐져 하나의 단어를 만들기도 한다.
일본의 된장은 우리나라에도 판매되는 곳이 많다. 일본식 된장국은 젓가락으로 한 두번 휘저어 그릇을 들고 입으로 마신다.

연습문제

1. 보기의 단어에 붙을 수 있는 적절한 접두어는?

보기

( ) 住所
じゅうしょ

① お　② ご　③ と

2. ( )에 적절한 말은?

Ⓐ これは（　）ですか。

Ⓑ ご飯です。
はん

① どこ

② なん

③ では

3. 밑줄 친 한자의 읽는 법이 다른 하나를 고르세요.

② 何色ですか。

③ 何時ですか。

① 何ですか。

정답 **1.** ② **2.** ② **3.** ② 설명 ①,③은 [なん], ②은 何色 [なにいろ]

06 음식 주문

외식은 우리나라처럼 다양하게 즐길 수 있다. 맛있는 음식점이나 대를 이어 영업을 하는 곳은 사람들이 긴 줄을 서서 먹는 것도 마다하지 않는다. 직접 손으로 만드는 정성스런 음식이나 보기에 좋고 먹음직스런 음식들이 많은 사랑을 받는다.

참치 뱃살 먹을려면 서둘러야 겠지?

당연하지.. 어여 가자~

간단하게 식사대용으로 먹을 수 있는 것들은 튀김정식을 비롯해 카레, 스파게티, 덮밥, 소바·우동, 초밥, 도시락(에키벤), 라면, 햄버거 등이 있다.

앞아서 종업원에게 주문을 하는 식당이나 자동판매기에서 식권을 구입해서 주문하는 곳 등 주문하는 방법은 우리나라와 비슷하다.

일본어를 잘 몰라도 음식점 앞에 진열되어 있는 모형음식들이나 메뉴판에 있는 음식 사진들을 보면서 주문을 해도 돼.

멀 먹지?

06 | 오늘의 추천 점심은 무엇입니까?

일단 듣기 V ● ● ▷ 체크업!! ● ● ● ▷ 말하기 ● ● ●

이랏샤이마세
いらっしゃいませ。

어서 오십시오.

메뉴-오 도-조
メニューを どうぞ。

메뉴입니다.

에-, 꾜-노 오스스메노 란치와 난데스까
えー、今日の おすすめの ランチは 何ですか。

저, 오늘의 추천점심은 무엇입니까?

하이, 뗌뿌라노 떼-쇼꾸데스
はい、てんぷらの 定食です。

네, 튀김정식입니다.

데와, 소레 니님마에 구다사이
では、それ 2人前 ください。

그럼, 그걸로 2인분 주십시오.

✓ 대화 내용의 구문 및 문법 핵심을 알아두자!

いらっしゃいませ。

이랏샤루
동사 **いらっしゃる** 오다, 가다, 있다의 활용형
* 상점에서 쓰일 때 어미 **-ませ** 마세 가 붙는다.

*p78 참조 *p76 참조
メニューを **どうぞ**

menu의
카타카나식 표기

보세요, 받으세요, 들어오세요 등등

おすすめの 料理 추천요리
りょう り

*p77 참조   *p78 참조
えー、今日の **おすすめの** **ランチ**は 何ですか。
오늘
お勧め 추천   lunch의 카타카나식 표기

はい、てんぷらの 定食です。
튀김정식

*p78 참조   *p79 참조
では、それ **2人前** **ください**。
2인분
주십시오, 주세요. = **下さい**

음식 주문 73

🎴 글자 쓰기

ら ra 라						
しゃ sya 샤						
ぞ zo 조						
え e 에						
きょ kyo 꾜						
め me 메						
ぷ pu 뿌						
だ da 다						

🐻 단어 쓰기

메뉴- メニュー 메뉴			
란치 ランチ lunch 점심			
구다사이 ください 주십시오, 주세요			

TRACK 06

한자를 쓰는 것 보다 어떻게 읽는지 주의 깊게 살펴보자.

한자	읽기	쓰기

きょう
今日
꾜–

오늘

❶ 今日 ❷ ⋯⋯⋯⋯ ❸ ⋯⋯⋯   [V][ ][ ]
　きょう

てい しょく
定食
떼–쇼꾸

정식

❶ 定食 ❷ ⋯⋯⋯⋯ ❸ ⋯⋯⋯   [V][ ][ ]
　てい しょく

～にん まえ
～人前
～ 님마에

～인분

❶ ～人前 ❷ ⋯⋯⋯⋯ ❸ ⋯⋯⋯   [V][ ][ ]
　～にんまえ

01

メニューを どうぞ。

메뉴-오 도조

（여기）메뉴판을 받으십시오.

メニュー메뉴-는 영어 menu의 카타카나 표기이다. 영어와 같이 외래어나 강조
하고 싶은 말은 카타카나로 표기한다. 자주 쓰이는 카타카나는 잘 알아두자.

1 **～を** ～을/를

～を는 우리말의 을/를에 해당하는 목적격 조사
이다. 조사로만 쓰인다.

명사 ＋ ～を (오)

～을/를

2 **どうぞ** 도-조 받으세요, 오십시오, 말하세요, 드세요, 들어오세요

どうぞ는 뒤의 말이 생략되어 여러 가지 뜻을 나타내는데, 자주 사용하는
표현이므로 나올 때마다 그때 그때 뜻을 잘 알아두도록 하자.
받으세요, 오십시오, 말하세요, 드세요, 들어오세요 등등 무엇인가를
권하는 듯한 의미가 들어 있다.

고찌라에 도-조
● こちらへ どうぞ。

이쪽으로 들어오세요.

02

きょう
今日の おすすめの ランチ

오늘의 추천점심

꾜-노 오스스메노 란치

1 今日(きょう)는 **오늘**이라는 뜻, **お勧め**(すすめ)는 **추천**이라는 뜻이다. 상점이나 음식점에서 그날 그날 특별히 제공하는 상품에 **추천한다**는 의미의 표현을 사용한다.

어제	오늘	내일
끼노-	꾜-	아시따
きのう	きょう	あした
昨日	今日	明日

2 **〜の** ~의

〜の는 ~**의**라는 뜻으로, 명사와 명사사이를 이어주는 조사인데, 해석을 할 때는 굳이 따로 하지 않아도 좋다. 고유명사의 경우 **〜の** 를 사용하지 않는다.

노
명사 + 〜の + 명사
~의

東京大学 도쿄대(학교)

뗌뿌라노 떼-쇼꾸
ていしょく
• てんぷらの 定食

튀김 정식

3 **ランチ** 란치 점심

ランチ는 영어 lunch 런치 **점심식사**의 카타카나식 표현이다. 일본어로는
昼ご飯 히루고항이라고 한다. 昼(점심, 낮) + ご飯(밥, 식사)의 두 단어가
합쳐진 말이다.

이처럼 외래어는 일본식발음으로 현지화해서 읽는데, 카타카나로 표기한다.

코-히-
コーヒー
coffee 커피

키무치
キムチ
김치

팡
パン
pão 빵

테레비
テレビ
television
텔레비전, TV

메뉴-
メニュー
menu 메뉴

콤비니
コンビニ
convenience store
편의점

03 に にん まえ
2人前 2인분

ひとり ぶん　　ふたり ぶん
1人分 히또리붕·**2人分** 후따리붕
이라고도 해.

음식점에서 주문할 때 자주 쓰는 말로, 前만 쓰이면 **앞, 먼저**라는 뜻이지만,
숫자와 함께 쓰이면 **~인분, 몫**의 뜻을 나타낸다.

이찌님 마에
1인분 **いちにんまえ**
1人前

니님 마에
2인분 **ににんまえ**
2人前

04

ください
구다사이

주십시오, 주세요

ください는 下さい라고도 쓰며, 명사나 동사의 변화형 등과 함께 쓰여 여러 가지 뜻을 나타내는 중요한 표현이다.
동사 くださる 구다사루 **주시다**의 변화형으로, 자세한 것은 뒤에서 학습하기로 하고 여기서는 그 뜻을 잘 기억해 두도록 하자.

명사 + **を** 오 + **ください** 구다사이 ~을/를 주십시오, 주세요

고노 꾸다모노오 구다사이
• この　くだものを　ください。

이 과일을 주세요.

▶▶ くだもの(果物) 꾸다모노 과일

この　くだものを
ください。

흥! 난 손님이예요!

소바
そば　소바(냉모밀우동)

우동
うどん　우동

따마고야끼
たまご や　계란말이
卵焼き

야끼또리
や　とり　닭꼬치구이
焼き鳥

스끼야끼
や　스끼야끼(전골)
すき焼き

라ー멘
ラーメン　라면

샤부샤부
しゃぶしゃぶ
샤브샤브

오꼬노미야끼
おこのみやき(일본식빈대떡)
오꼬노미야끼

(얇게 저민 소고기나 야채를 살짝 데쳐 먹음)

연습문제

1. (　　)에 들어갈 적절한 단어는?

Ⓐ メニューを (　　　)。
（메뉴를 건네며）

Ⓑ はい。

① どうも
② どうぞ
③ ください

2. 시간의 순서에 맞게 빈칸을 채우세요.

(　　　)　　きょう　　(　　　)
　어제　　　　오늘　　　　내일

① あした, きのう
② あさって, あした
③ きのう, あした

3. 밑줄 친 단어와 같은 표현은?

それ　<u>2人前</u>　ください。

그걸로 2인분 주세요.

① いちにんまえ
② ひとりぶん
③ ふたりぶん

 정답　1. ②　2. ③　설명 >あさって 모레　3. ③

07 오사카의 봄 _ 벗꽃놀이

어떤게 꽃이고 어떤게 사람인지 구분 못 하겠지?

아니.. 확실하게 구분되는데?

덩실~ 덩실~

날이 좋으니 절로 노래가 나오네~

워~워~ 진정해 줄래?

도쿄나 오사카, 교토 등 전국 각지에서 봄이 오면
花見^{하나미}가 펼쳐져.

桜狩り^{さくら が}사꾸라가리 **벚꽃놀이** 라고도 하며, 우리나라처럼 흐드러지게 핀 벚나무 아래 돗자리를 깔고 앉아 술을 마시거나 음식을 먹거나 노래를 부르면서 벚꽃을 감상하고, 모임을 갖거나 축제를 연다.

花見^{はな み}하나미 는 원래 꽃놀이, 꽃구경이라는 의미이나 흔히 **벚꽃놀이**를 말하기도 해.

물론 지구온난화로 이상기후가 나타나기도 하지만, 도쿄나 오사카 등은 대개 春하루 봄 3~5월, 夏나쯔 여름 6~8월, 秋아끼 가을 9~11월, 冬후유 겨울 12~2월로 나뉜다.

〈오사카의 봄〉　〈도쿄의 여름〉

〈홋카이도의 겨울〉　〈교토의 가을〉

일본도 우리나라처럼 4계절이 뚜렷한 편이다. 남북으로 길게 뻗어있어 북쪽의 홋카이도는 겨울이 길고 남쪽의 오키나와는 여름이 길다.

일단 듣기 ✔ ● ● 〉 체크업!! ● ● ● 〉 말하기 ● ● ●

오-사까노 끼세쯔와 도-데스까

おおさか　　きせつ
大阪の　季節は　どうですか。

오사카의 계절은 어떻습니까?

하루, 나쯔, 아끼 소시떼 후유노 욧쯔노 끼세쯔가 아리마스

はる　なつ　あき　　　　　ふゆ　　よっ　　　きせつ
春、夏、秋　そして　冬の　4つの　季節が　あります。

봄, 여름, 가을 그리고 겨울의 4계절이 있습니다.

데와, 오-사까노 하루모 아따따까이데스까

　　　おおさか　　　はる
では、大阪の　春も　あたたかいですか。

그럼, 오사카의 봄도 따뜻합니까?

소-소-.　　　아따따까이데스

そうそう。あたたかいです。

그럼요, 그럼요. 따뜻해요.

모-스구 하나미도끼데스요

はな み どき
もうすぐ　花見時ですよ。

머지않아 꽃놀이철이랍니다.

✓ 대화 내용의 구문 및 문법 핵심을 알아두자!

大阪の 季節は どうですか。
~의   *p90 참조
어떻습니까?   상태에 관한 질문

동사 **ある**의 정중형

春、夏、秋 そして 冬の 4つの 季節が あります。
그리고   よっつ   ~이 있습니다. *p91 참조

では、大阪の 春も あたたかいですか。
~도   *p93 참조
따뜻하다 ＋ ~입니까?
＝
따뜻합니까?

そうそう。あたたかいです。

どき 때, 시기

もうすぐ 花見時ですよ。
*p94 참조
끝, 머지않아   花見 ＋ 時 꽃놀이

글자 쓰기

の no 노							
ふ fu 후							
ゆ yu 유							
も mo 모							

단어 쓰기

욧쯔 よっつ 네 개, 4			
아따따까이 あたたかい 따뜻하다, 따뜻한			
소- そう 그렇다			
모-스구 もうすぐ 머지않아, 곧			

TRACK **07**

 한자를 쓰는 것 보다 어떻게 읽는지 주의 깊게 살펴보자.

한자	읽기	쓰기

はる
春 하루
봄

❶ 春　　❷　　❸
はる

☑ ☐ ☐

なつ
夏 나쯔
여름

❶ 夏　　❷　　❸
なつ

☑ ☐ ☐

あき
秋 아끼
가을

❶ 秋　　❷　　❸
あき

☑ ☐ ☐

ふゆ
冬 후유
겨울

❶ 冬　　❷　　❸
ふゆ

☑ ☐ ☐

はなみ
花見 하나미
꽃놀이, 벚꽃놀이

❶ 花見　　❷　　❸
はな み

☑ ☐ ☐

とき
時 또끼
철, 시기, 때

❶ 時　　❷　　❸
とき

☑ ☐ ☐

01

おおさか　き せつ
大阪の季節　　오 사카의 계절
오-사카노 끼세쯔

사계절(4계절)은 しき 四季 라고 해.

季節 계절은 きせつ 끼세쯔라고 읽으며, 우리와 마찬가지로 4계절이 있다.

---

1 〜**の** ~의

〜の는 6과에서 한 번 학습했지만 여기에서처럼 앞의 명사가 뒤의 명사를 한정 해줄 때는 ~**의**라는 뜻으로 해석하면 된다.

명사 ＋ 노 〜の ＋ 명사

~의

봄은 봄인데 어디의 봄인지를 한정해주는 の의 의미야.

오-사까노 하루
はる
• おおさかの 春　오사카의 봄

02

〜が あります。　　　〜이 있습니다.
〜가 아리마스

명사 ＋ 가 が ＋ 아리마스 あります。　　〜이　있습니다.
이/가

1 　**〜が** 〜이/가　　〜が는 우리말의 〜이/가에 해당하는 주격조사이다.

4과에서 또 다른 주격조사 〜は 〜은/는에 대해 학습했는데, 비교해서 잘 알아두자.

2 　**あります** 있습니다

あります는 **ある** 있다의 정중한 표현으로 **있습니다**의 뜻이다. 이것은
사물이나 식물 등 스스로 움직일 수 없는 것의 존재를 나타낸다.
반대말은 **ありません** 없습니다 이다.

아루
ある ＋ 마스 **ます** → 아리마스 **あります**
있다　　　〜습니다　　　있습니다

- ここに　本が　あります。　　　여기에 책이 있습니다.
　　　고꼬니 홍가 아리마스
　　　（ほん）

- ここに　本は　ありません。　　여기에 책은 없습니다.
　　　고꼬니 홍와 아리마셍
　　　（ほん）

はる
春も　あたたかいですか。 봄도 따뜻합니까?
하루모 아따따까이데스까

1 　**〜も** ~도

〜も는 우리말의 ~**도**에 해당하는 조사이다. 같은 종류의 것을 나타내거나 강조할 것 등을 표현한다.

명사 + 모
も
~도

くん　　がくせい
• **きむら君は　学生です。**　　　　　키무라군은 학생입니다.
　 끼무라꿍와 각세-데스

　　　　　がくせい
… **わたしも　学生です。**　　　　　나도 학생입니다.
　 와싸시모 각세-데스

2 　**あたたかいですか** 아따따까이데스까　따뜻합니까?

あたたかい는 우리말의 **따뜻하다, 따뜻한**이란 뜻의 형용사이다. 형용사는 사물의 성질이나 생김새, 상태 등을 설명해주거나 뒤에 오는 단어를 꾸며주는 말로 기본형의 끝이 **い**로 끝나서 **い형용사**라고 한다.

아따따까이
あたたかい + 데스 **です** + 까 **か**

따뜻　　　　　합니　　　　　까?

い형용사의 기본형과 의미

TRACK 07

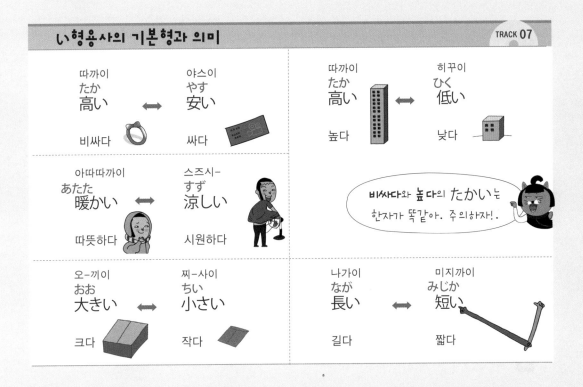

い**형용사**의 기본형에 ―です를 붙이면 **정중한 표현**이 된다. 그리고 평서문이나 정중한 표현에 「~か」를 붙이면 의문문이 된다. 이때는 끝을 약간 올려 읽는다.

평서문

この　店の　寿司は　高い。
　　　みせ　　　すし　　　たか
고노 미세노 스시와 따까이

이 가게의 스시(초밥)은 비싸다.

정중한 표현

この　店の　寿司は　高いです。
　　　みせ　　　すし　　　たか
고노 미세노 스시와 따까이데스

이 가게의 스시(초밥)은 비쌉니다.

의문문

この　店の　寿司は　高いですか。
　　　みせ　　　すし　　　たか
고노 미세노 스시와 따까이데스까

이 가게의 스시(초밥)은 비쌉니까?

04

もうすぐ 花見時ですよ。 머지않아 꽃놀이철이랍니다.

<small>はな み どき</small>

모-스구 하나미도끼데스요

---

1 **もうすぐ** 모-스구 머지않아, 곧

회화에 자주 나오는 표현이다. 말 그대로 잘 알아두자. 이와 비슷한 의미로 사전에서는 같은 뜻으로 나오지만 상황에 따라 쓰이는 **마마なく 곧, 머지않아** 라는 표현도 있다.

<small>でんじゃ</small>

• **まもなく 電車が まいります。** 곧 전철이 들어옵니다.(도착합니다)

마모나꾸 덴샤가 마이리마스

---

2 **花見時** 하나미도끼 꽃놀이철

<small>はなみ</small>

花見는 **꽃놀이, 꽃구경** 또는 **벚꽃놀이**를 말한다. **時는 때, 시기**를 말하며, 여기처럼 다른 단어와 합쳐질 때는 **とき** 또끼 ➡ **どき** 도끼로 발음이 변한다.

| はな
花
꽃 | + | み
見
구경 | + | どき
時
시기, 때 |

> み
> 見る **보다** 라는 동사에서
> み
> 명사형 見가 나왔어.
> 자세한 것은 뒤에서 학습하자.

---

3 **～よ** 요 ~지요, ~예요

～よ는 문장의 끝에 붙어서, 상대방에게 상대방이 모르는 것에 대한 정보를 가르쳐 주거나, 자신의 견해를 말할 경우에 쓰인다.

<small>ほんもの</small>

• **これは 本物ですよ。** 이것은(이 물건)은 진짜예요.

고레와 홈모노데스요

▶▶ **ほんもの (本物)** 홈모노 진짜, 진품

1. ( )에 들어갈 적절한 말은?

Ⓐ 京都の 夏は
( )ですか。

Ⓑ あついですよ。

① なん

② いつ

③ どう

2. 순서에 맞게 빈 칸에 들어갈 적절한 단어는?

あつい
여름

(㉠)
봄

(㉡)
가을

さむい
겨울

㉠　　㉡
① あたたかい, すずしい

② すずしい,　むしあつい

③ すずしい,　あたたかい

3. 보기의 밑줄 친 한자와 읽는 법이 같은 하나는?

보기 花見<u>時</u>　　① 何<u>時</u>　　② <u>時</u>々　　③ 時<u>々</u>

정답 1. ③ 단어 あつい 덥다　2. ① 단어 すずしい 시원하다 / さむい 춥다
3. ③ 花見時 [はなみどき] 단어 何時 [なんじ], 時々[ときどき]

가족

TRACK **08**

우리나라와 지리적으로 가까운 일본은 여러 방면에서 닮은 곳이 많이 있는데, 고령화
사회와 저출산 문제도 그 중 하나이다.

고령화 사회가 초스피드로 진행되고 있는 우리나라보다도 먼저 **고령화** 高齢化 가

진행된 일본에서는 2020년에는 약 3명중 1명이 65세 이상이 될 것으로 예상하고
있기도 하다. 이에 따라 여러 가지 사회문제와 해결방법들이 나오고 있으며,
우리는 이를 토대로 초고령화사회에 대비해야 할 것이다.

날씨 좋다~

1 　さとり世代 （せだい） 사또리 세대 와 ゆとり世代 （せだい） 유또리 세대

사또리 세대는 직장을 꼭 가질 생각도 없고, 친구를 사귈 생각도 없이 혼자서 생활하는 젊은 세대를 일컫는다.

사또리세대 さとり世代 （せだい） 가 먼줄 알아?

1990년대에 태어난 세대로 일본의 잃어버린 10년이라고 하는 장기불황시대에 태어났어. 꿈도 없고, 돈도 없고, 여행도 하지 않고, 결혼이나 연애를 할 의욕도 없는 세대를 말해. 딱 네 나이지?

유토리 세대의 **유토리** ゆとり는 **여유** 라는 말로 여유로운 교육을 받은 세대를 말하는데 1987년~1999년 에 태어난 세대를 말한다.
앉아서 하는 딱딱한 교육이 아닌 체험학습 등과 같은 교육을 통해 여유롭게 교육을 하자는 취지였으나, 학력저하와 같은 또 다른 사회문제가 생겨났다.

2 　少子化 （しょうしか） 저출산화

일본의 인구는 급속하게 늘어가는 반면, 아이들은 많이 낳지 않아서 저출산 少子化 （しょうしか） 문제 또한 심각해.

내가 많이 먹는 이유는 출산을 위한 체력 충전이라고 보면 돼!

TRACK 08

일단 듣기 ✓ ● ● ● 〉 체크업!! ● ● ● 〉 말하기 ● ● ●

야마다산노 고까조꾸와 난닝데스까
山田さんの ご家族は 何人ですか。

야마다씨의 가족은 몇 명인가요?

보꾸와 요닝 까조꾸데스
ぼくは 4人 家族です。

저는 4명 가족입니다.(가족이 4명입니다.)

고료심모 이마스까
ご両親も いますか。

부모님도 계시나요?

이-에, 까나이또 후따고가 이마스
いいえ、家内と 双子が います。

아니요. 아내와 쌍둥이가 있습니다.

우라야마시-데스네. 와따시와 히또리구라시데스
うらやましいですね。わたしは 1人暮しです。

부럽네요. 저는 혼자 삽니다.

✓ 대화 내용의 구문 및 문법 핵심을 알아두자!

山田さんの ご家族は 何人ですか。

*p 106~107 참조

ご ✚ 家族
가족

몇 명

ぼくは 4人 家族です。

✿ よん ✕ にん *p 102~104 참조

4명

よにん 요닝 읽는 법에 주의하자!

ご両親も いますか。

*p 105 참조

ご ✚ 両親
부모님

いる 있다의 정중한 표현
*p 108 참조

いいえ、家内と 双子が います。

~와/과

아내   쌍둥이
*p 106~107 참조

うらやましいですね。 わたしは 1人暮しです。

*p 110 참조   동의나 다짐을 나타내는 조사 *p 109 참조

부럽   ✚ 습니다.

혼자서 생활하는
것을 말함

ひとり   ぐら
暮す 의 명사형

글자 쓰기

や							
ya 야							

く							
ku 꾸							

ぼ							
bo 보							

ね							
ne 네							

ひ							
hi 히							

り							
ri 리							

단어 쓰기

남자가 자신을 일컫는 말

보꾸 ぼく 나, 저			

이마스 います 있습니다			

우라야마시- うらやましい 부럽다			

히또리 ひとり 한 명, 혼자			

TRACK 08

 한자를 쓰는 것 보다 어떻게 읽는지 주의 깊게 살펴보자.

한자	읽기	쓰기

か ぞく
家族 까조꾸
가족

❶ 家族 ❷ ❸
か ぞく

☑ ☐ ☐

なん にん
何人 난닝
몇 명

❶ 何人 ❷ ❸
なん にん

☑ ☐ ☐

りょう しん
両親 료-싱
부모님

❶ 両親 ❷ ❸
りょう しん

☑ ☐ ☐

か ない
家内 까나이
아내

❶ 家内 ❷ ❸
か ない

☑ ☐ ☐

ふた ご
双子 후따고
쌍둥이

❶ 双子 ❷ ❸
ふた こ

☑ ☐ ☐

くら
暮し 꾸라시
생활, 삶

❶ 暮し ❷ ❸
くら

☑ ☐ ☐

01

よ にん かぞく
4人 家族   4명 가족

요닝 까조꾸

1 가족은 ~명 입니다라는 일본식 표현은 우리와 어순이 다르므로 잘 알아 두도록 하자.

가족 수   가족입니다.(=가족은 ~명입니다.)

2 **사람세기**   사람을 셀 때는 숫자 뒤에 人을 붙이는데, 1·2명의 경우만 예외로 ひとり·ふたり라고 부른다. *6과 주문 비교참조

1명	2명	3명	4명	5명
히또리	후따리	산닝	요닝	고닝
ひとり	ふたり	さんにん	よにん	ごにん
1人	2人	3人	4人	5人

사람을 세는 단위 말고 여러 가지 단위를 숫자 뒤에 붙여 읽으면 다양한 뜻이 된다.

숫자

숫자 세는 법을 알아보자.
숫자 4·7·9는 세는 법이 2가지가 있으므로 잘 알아두도록 하자.

| 1 이찌 いち | 2 니 に | 3 상 さん | 4 시·용 し·よん | 5 고 ご |

| 6 로꾸 ろく | 7 시찌·나나 しち·なな | 8 하찌 はち | 9 뀨-·꾸 きゅう·く | 10 쥬- じゅう |

11부터는 10+1, 10+2처럼 10에다가 일의 자리 숫자를 붙여 읽으면 된다.

| 11 쥬-이찌 じゅういち | 12 쥬-니 じゅうに | 13 쥬-상 じゅうさん | 14 쥬-시 じゅうし 쥬-용 じゅうよん | 15 쥬-고 じゅうご |

| 16 쥬-로꾸 じゅうろく | 17 쥬-시찌 じゅうしち 쥬-나나 じゅうなな | 18 쥬-하찌 じゅうはち | 19 쥬-뀨- じゅうきゅう 쥬-꾸 じゅうく | 20 니쥬- にじゅう |

| 30 산쥬- さんじゅう | 40 시쥬- しじゅう 욘쥬- よんじゅう | 50 고쥬- ごじゅう |

마찬가지로 3, 4, 5…뒤에 10을 붙여 읽으면 돼.
100은 ひゃく(百), 1,000은 せん(千),
10,000은 まん(万)이야.

| 60 로꾸쥬- ろくじゅう | 70 시찌쥬- しちじゅう 나나쥬- ななじゅう | 80 하찌쥬- はちじゅう | 90 뀨-쥬- きゅうじゅう くじゅう | 100 햐꾸- ひゃく |

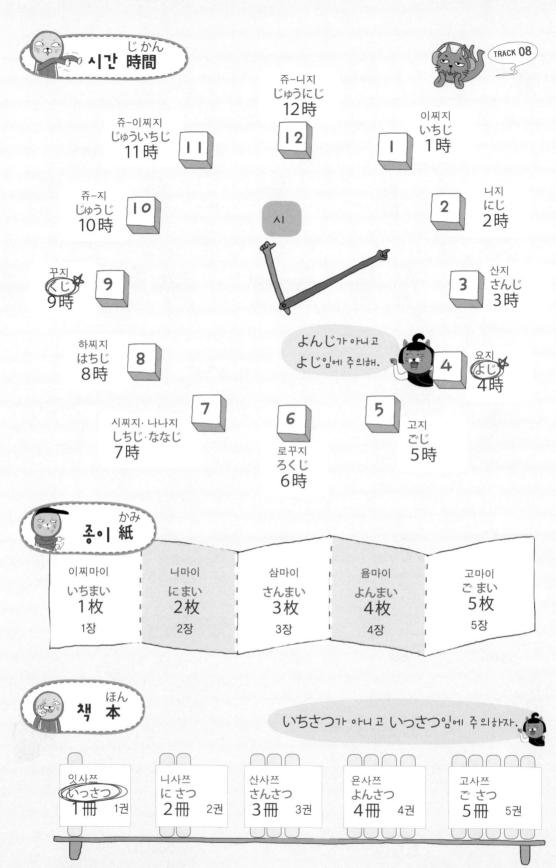

시간 時間 じかん

TRACK 08

쥬-이찌지
じゅういちじ
11時
11

쥬-니지
じゅうにじ
12時
12

이찌지
いちじ
1時
1

쥬-지
じゅうじ
10時
10

시

니지
にじ
2時
2

꾸지
くじ
9時
9

산지
さんじ
3時
3

よんじ가 아니고
よじ임에 주의해.

요지
よじ
4時
4

하찌지
はちじ
8時
8

시찌지·나나지
しちじ·ななじ
7時
7

6

로꾸지
ろくじ
6時

5

고지
ごじ
5時

종이 紙 かみ

이찌마이
いちまい
1枚
1장

니마이
にまい
2枚
2장

삼마이
さんまい
3枚
3장

욤마이
よんまい
4枚
4장

고마이
ご まい
5枚
5장

책 本 ほん

いちさつ가 아니고 いっさつ임에 주의하자.

잇사쯔
いっさつ
1冊 1권

니사쯔
に さつ
2冊 2권

산사쯔
さんさつ
3冊 3권

욘사쯔
よんさつ
4冊 4권

고사쯔
ご さつ
5冊 5권

02

りょうしん
ご両親も　いますか。　부모님도 계십니까?

---

1 **ご両親** 고료–싱 (상대방의) 부모님

상대방의 가족을 부를 때는 お·ご 를 붙여 정중한 뜻을 나타내지만,
자신의 가족을 남에게 말할 때는 お·ご 를 붙이지 않는다.

모
～も + **いますか。**

～도　　　　있습니까?

자세한 가족 호칭은
뒷페이지를 참조하자.

고료–싱와 오겡끼데스까
りょうしん
• ご両親は　おげんきですか　　　　　부모님은 건강하시지요?

오까게사마데, 후따리또모 겡끼데스
⋯ おかげさまで、ふたりとも　げんきです。

덕분에, 두 분 모두 건강하십니다.

다나까상와 오네–상가 이마스까
たなか　　　　ねえ
田中さんは　お姉さんが　いますか。

다나까씨 는 언니가 있습니까?

하이, 아네가 후따리 이마스
あね　　ふたり
はい、姉が　二人　います。

네, 언니가 2명 있습니다.

ねえ　　　　　　　　　　　　あね
상대방의 언니·누나는 お姉さん, 자신의 언니·누나는 姉라고 부른다.

가족을 부르는 호칭

상대방의 가족

고료-싱
りょうしん
ご両親　부모

오지-상 おじいさん	할아버지	오바-상 おばあさん	할머니
오또-상 とう お父さん	아버지	오까-상 かあ お母さん	어머니
고슈징 しゅじん ご主人	남편	옥상 おく 奥さん	아내
오니-상 にい お兄さん	형, 오빠	오네-상 ねえ お姉さん	누나, 언니
오또-또상 おとうと 弟さん	남동생	이모-또상 いもうと 妹さん	여동생
오꼬상 こ お子さん	아이, 자제		
무스꼬상 むすこ 息子さん	아들	무스메상 むすめ 娘さん	딸

가족을 부르는 호칭은 상대방의 가족과 우리 가족을 부를 때 차이가 있다. 주의해서 잘 사용하도록 하자.

2 **いますか** 이마스까 있습니까?

いますか는 **いる 있다**의 정중한 의문표현으로 **있습니까?**의 뜻이다. いる는 사람이나 동물 등 스스로 움직일 수 있는 것의 존재를 나타낸다.
います 있습니다의 반대말은 **いません 없습니다**이다. 의문을 나타낼 때는 의문조사 か를 붙여 표현한다.

이루
いる + 마스까
ますか → 이마스까
いますか

있다 ~습니까? 있습니까?

고꼬니 네꼬가 이마스
ねこ
- ここに 猫が います。　　　　　여기(에) 고양이가 있습니다.

고꼬니 이누와 이마셍
いぬ
- ここに 犬は いません。　　　　여기(에) 개는 없습니다.

03 うらやましいですね   부럽군요

1 **〜ね** ~이요?, ~군요, ~로군

〜ね는 ~(지)요?, ~군요, ~로군 등의 뜻으로 문장의 끝에 붙는 조사이다. 가벼운 감동이나 다짐, 상대방의 말에 동의하거나 동의를 구하는 경우 등에 쓰인다.

네
〜ね   감동, 다짐, 동의

• いい 天気ですね。(↘)   날씨가 좋군요.   ▶▶ いい 이-   좋다, 좋은
てんき

▶▶ てんき(天気) 뗑끼 날씨

• いいですね。(↗)   좋지요? 괜찮지요?

04 1人暮し   혼자 생활하는 것
ひとり ぐら

대학에 입학하거나 취직 등을 하면 일본의 젊은이들은 집에서 독립해 혼자서
생활하는 사람들이 많다. 이렇게 혼자 생활하는 것을 1人暮し라고 한다.
ひとり ぐら

い형용사의 부정표현

うらやましい는 앞과에서도 학습했듯이 **부럽다, 부러운**이라는 뜻의 **い형용사**
이다. 형용사의 기본형에 ～です가 붙어서 정중한 뜻을 나타 낸다. い형용사의
기본형에 『-く　ない』를 붙이면 부정의 표현이 된다.

우라야마시-
うらやましい + 꾸 나이 **く　ない**

부럽지　　　　　　　　　　않다

い형용사의 끝음 い … く 로 변하면서
ない를 붙여.

평서문
ぼくは　彼が　うらやましい。
보꾸와 까레가 우라야마시-

나는 그 남자가 부럽다.

부정문
ぼくは　彼が　うらやましく　ない。
보꾸와 까레가 우라야마시꾸 나이

나는 그 남자가 부럽지 않다.

정중한 부정 표현
ぼくは　彼が　うらやましく　ないです。
보꾸와 까레가 우라야마시꾸 나이데스

나는 그 남자가 부럽지 않습니다.

---

1. ( )에 순서대로 들어갈 말은?

ひとり - (㉠) - さんにん - (㉡) - ごにん

㉠	㉡		㉠	㉡
① ふたり	よんにん		② ふたり	よにん
③ ふたり	ろくにん			

2. 상대방에게 우리 가족을 소개할 때 적절하지 않은 것은?

①おじいさん
②父<ruby>父<rt>ちち</rt></ruby>
③家内<ruby>家内<rt>かない</rt></ruby>
④息子<ruby>息子<rt>むすこ</rt></ruby>

3. 다음 문장들의 부정표현을 만들어 써 보자.

① これは　たかい。　이것은 비싸다.

➡ _____

② この　バナナは　おいしいです。　이 바나나는 맛있습니다.

➡ _____

정답 **1.** ② 숫자 4에 조수사가 붙을 때 읽는 법에 주의하자.　**2.** ① 설명 나의 할아버지는 祖父 [そふ]
3. ① これは　たかく　ない。　② この　バナナは　おいしく　ないです。　설명 おいしく　あり
ません。이라고 해도 된다.

09 골든위크
- 온천여행

일본의 주요 연중행사를 살펴보면 우리나라와 비슷한 날이 많다. 우선 1월 1일부터 시작되는 **설날** 휴일인 **お正月** 오쇼-가쯔에는 신과 조상들에게 감사를 표하고 풍성한 추수를 기원하며, 친척이나 친구, 지인들에게 **年賀状** 연하장을 보낸다. 2014년에는 약 18억 2,900만통이 배달되었다. 연하장에는 あけまして おめでとう。 아께마시떼 오메데또- **새해 복 많이 받으세요.**라는 문구를 함께 적는다.

아께마시떼 오메데또-
あけまして おめでとう。
도대체 연하장을 몇장이나 더써야 하는거야? 오늘 밤새 써야겠는걸?

그르게.. 너 이제 한 살 더 먹는다!

한 살 더 먹었으니.. 더욱 고상하고 성숙하게~ 하하핫!

뭐 그래 봐야.. 일년 행사는 모두 같잖아~

여름을 시작하는 행사는 七夕 ^{たな ばた}따나바따로 시작한다. 이 날은 우리나라를 거쳐 일본으로 전해졌으며, 견우와 직녀가 만난다는 날로 이날 소원을 빌면 이루어 진다고 하는 전설이 있다.

〈타나바타 축제〉 〈불꽃놀이〉

여름밤에는 일본 전역에서 花火大会 하나비다이까이를 개최하는데, 화려한 **불꽃놀이**는 세계 제일이라고 할 수 있다.

ゴールデンウィーク golden week 고-르뎅위-쿠 **골든위크**는 4월 말부터 5월 5일까지 이어지는 황금연휴기간으로 짧게는 일주일, 길게는 10일 동안 이어진다. 이 시기에는 일본인들이 국내외로 여행을 떠나는데, 우리나라에도 많은 일본인이 찾아오며 교통이나 숙박시설 등이 매우 붐비는 편이다.

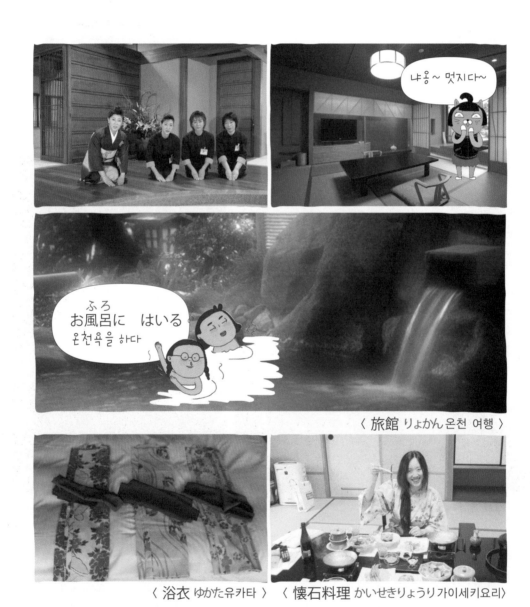

냐옹~ 멋지다~

ふろ
お風呂に　はいる
온천욕을 하다

〈 旅館 りょかん 온천 여행 〉

〈 浴衣 ゆかた 유카타 〉　〈 懐石料理 かいせきりょうり 가이세키요리〉

お盆 ^{ぼん} 오봉은 우리나라의 추석과 비슷하며, 8월 13일~15일 사이에 많은 회사와
상점들이 휴가를 위해 문을 닫고 고향이나 가족, 친지 등을 찾는다.

〈오봉 오도리(춤)〉

한해를 마무리하는 12월 연말에는 忘年会 ^{ぼうねんかい} 송년회가 식당이나 술집 등지에서
열린다. 학생, 회사원, 주부들까지 다양한 모임에 참여해 즐거운 시간을 보내며
한해를 마무리 짓는다.

TRACK 09

일단 듣기 ●●● 체크업!! ●●● 말하기 ●●●

고-르뎅위-쿠니 나니오 스루 쯔모리데스까

ゴールデンウィークに 何を する つもりですか。

황금연휴(골든위크)에 무엇을 할 예정입니까?

또모다찌또 온센니 이끼마스

友達と 温泉に 行きます。

친구와 온천에 갑니다.

벱뿌니 아루 유-메-나 온센데스요

別府に ある 有名な 温泉ですよ。

벳푸에 있는 유명한 온천입니다.

와따시모 온셍가 다이스끼데스

私も 温泉が 大好きです。

저도 온천을 엄청(매우) 좋아합니다.

데와, 잇쇼니 이끼마쇼-

では、一緒に 行きましょう。

그럼, 함께 갑시다.

✔ 대화 내용의 구문 및 문법 핵심을 알아두자!

ゴールデンウィークに　何を　**する**　つもりですか。

golden week = 황금연휴

하다　　예정·작정

동사가 명사를 꾸며 줌

友達と　温泉に　**行きます**。*p 121 참조

어간 + ます

동사 行く의 정중한 표현

別府に　ある　**有名な**　温泉ですよ。

*p 123 참조

유명하다　　온천

だ 형용사가 명사를 꾸며줌

私も　温泉が　大好きです。

~도　　~을 좋아하다　だいすきだ 매우 좋아하다

では、一緒に　**行きましょう**。

어간 + ましょう

함께

동사 行く의 권유형

🧑 글자 쓰기

を						
o 오						

つ						
tsu 쯔						

め						
me 메						

け						
ke 께						

む						
mu 무						

る						
ru 루						

け, む, る 는 본문에 나와 있지 않으나 잘 알아두도록 하자.

😈 단어 쓰기

고-르뎅위-쿠 ゴールデン ウィーク 황금연휴 golden week		

쯔모리 つもり 예정, 계획			

데와 では 그럼, 자			

일본식 한자 연습

TRACK 09

한자를 쓰는 것 보다 어떻게 읽는지 주의 깊게 살펴보자.

한자	읽기	쓰기

とも だち
友達
또모다찌

친구

① 友達　② 　③
とも だち

☑ ☐ ☐

おん せん
温泉
온셍

온천

① 温泉　② 　③
おん せん

☐ ☐ ☐

ゆう めい
有名だ
유-메- 다

유명하다

① 有名だ　② 　③
ゆう めい

☐ ☐ ☐

だい す
大好きだ
다이스끼다

아주 좋아하다

① 大好きだ　②
だい す

☐ ☐ ☐

いっ しょ
一緒に
잇쇼니

함께

① 一緒に　② 　③
いっ しょ

☐ ☐ ☐

골든위크　119

01

<ruby>何<rt>なに</rt></ruby>を する つもりですか。   무엇을 할 예정입니까?

나니오 스루 쯔모리데스까

する 하다라는 동사가 **つもり 예정, 계획**이라는 명사를 꾸며줘서 〜할이라는 뜻이 된다. 명사를 꾸며줄 때는 우리말처럼 변하는 것이 아니라 동사의 기본형을 그대로 사용한다.

~할 예정, 계획

02

<ruby>友達<rt>ともだち</rt></ruby>と <ruby>温泉<rt>おんせん</rt></ruby>に <ruby>行<rt>い</rt></ruby>きます。   친구와 온천에 갑니다.

또모다찌또 온센니 이끼마스

1 〜と ~와/과

と는 명사와 함께 쓰여, 우리말의 **와/과**라는 뜻이다. 명사와 명사를 연결할 때도 사용한다. 동사나 형용사와 함께 쓰이면 〜하면, 〜하자의 가정의 뜻을 나타낸다.

명사 + と + 명사
또
~와/과

와따시따찌또 잇쇼니 이끼마쇼-
わたしたち　　　　　　　い
- 私達と　いっしょに　行きましょう。　　우리와 함께 갑시다.

▶▶　わたしたち(私達) 와따시따찌　　우리(들)

하루니 나루또 아따따까꾸 나루
はる
- 春に　なると　あたたかく　なる。　　　봄이 되면 따뜻해진다.

▶▶　あたたかい 아따따까이　따뜻한, 따뜻하다
　　あたたかく 아따따까꾸　따뜻하게

2　**〜に　行きます** ~에 갑니다

に는 〜에라는 위치나 장소, 방향 등을 나타내는 조사이다.

이끼마스 갑니다　い
行きます 이끼마스 **갑니다**는 동사 **行く** 이꾸 **가다**의 정중한 표현이다. 이렇듯
동사는 변화하는데 자세한 것은 뒤에 학습하고 이번 과에서는 의미를 잘
알아두도록 하자.

03

べっぷ ゆうめい おんせん
別府に ある 有名な 温泉ですよ

벱뿌니 아루 유ー메ー나 온센데스요

벳푸에 있는 유명한 온천입니다.

1 別府に ある

べっぷ おんせん
別府に ある 벳푸에 있다는 문장이 뒤에 温泉을 꾸며주어서 동사 ある의 원형을 그대로 사용한다.

別府に ある

벳푸에 있다

온천

べっぷ
別府に ある

〈海地獄 우미지옥〉

べっぷ きゅうしゅう
別府 벳푸는 九州 규슈 지역에 있는 유명한 온천지역으로 일본인뿐만 아니라 세계 각지의 사람들이 온천을 즐기러 들리는 곳이다. 우리나라 사람들도 많이 여행하는 곳으로 비행기나 배를 타고 갈 수 있다.

〈血の池地獄 찌노이께지옥〉

〈지옥 온천 찜요리〉

〈벳푸 시내 전경〉

な형용사의 기본형과 의미

TRACK 09

^{ゆう めい}
有名だ는 우리말의 **유명하다, 유명한**이란 뜻의 な형용사이다. 앞의 い형용사와 마찬가지로 사물의 성질이나 생김새, 상태 등을 설명해주거나 뒤에 오는 단어를 꾸며 주는데, 기본형의 끝이 だ로 끝나서 **だ형용동사**라고도 한다.

뒤에 명사를 꾸며줄 때는 だ … な로 변하는 것에 주의하자.

な형용사의 기본형과 의미

유-메-다 ゆうめい **有名だ** 유명하다	스떼끼다 **すてきだ** 멋지다	끼레-다 **きれいだ** 아름답다, 깨끗하다
스끼다 す **好きだ** 좋아하다	끼라이다 きら **嫌いだ** 싫어하다	

⟷

きれいだ는 아름답다와 깨끗하다의 2 가지 뜻이 있어.

な형용사의 기본형에 **-です**를 붙이면 **정중한 표현**이 된다. 그리고 평서문이나 정중한 표현에 『~か』를 붙이면 의문문이 된다. 이때는 끝을 약간 올려 읽는다.

^{かのじょ}
彼女は きれいだ。
가노죠와 끼레이다

그녀는 아름답다.

^{かのじょ}
彼女は きれいです。
가노죠와 끼레-데스

그녀는 아름답습니다.

^{かのじょ}
彼女は きれいですか。
가노죠와 끼레-데스까

그녀는 아름답습니까?

04

おん せん　　　だい す
温泉が　大好きです。　온천을 매우 좋아합니다.

온셍가 다이스끼데스

위에서 **好きだ 좋아하다**라는 な형용사의 의미에 대해 알아보았는데, 이
　　　　　　　す
　　　　　　　だい　　　　　だいす
형용사에 **大**가 붙어서 **大好きだ**는 **엄청, 매우 좋아하다**는 의미가 된다.

다이
だい
大 + す **好きだ**　매우 좋아하다

매우, 엄청　좋아하다

わたし　　かれ　　　　　　　　だい す
● **私は　彼の　ことが　大好き。** 나는 그 남자가 너무 좋아.

와따시와 까레노 고또가 다이스끼

▶▶ **かれ(彼)** 까레 그 남자

~을 좋아하다(싫어하다)에서 ~을에 해당하는
조사는 **を**가 아니라 **が**를 쓰는 것에 주의하자.

05

いっしょ
一緒に　함께

잇쇼니

いっしょ
一緒に 는 **함께**라는 뜻으로 자주 쓰이는 표현이므로 잘 알아두자. 반대의 의미로
혼자서는 **ひとりで**이다.

1. (   )에 들어갈 가장 알맞은 말은?

Ⓐ 明日 何を する (   )ですか。

Ⓑ 学校へ 行きます。

① つもり

② いっしょに

③ 大好き

2. (   )에 들어갈 적절한 말이 아닌 것은?

보기

ここは （   ） 温泉です。

① 有名な　② きれいな　③ すきな　④ じょうずな

3. 다음 문장들의 정중한 표현을 만들어 써 보자.

보기

学校へ 行く。
학교에 가다

学校へ ① ＿＿＿＿＿＿＿＿＿＿。
학교에 갑니다.

学校へ ② ＿＿＿＿＿＿＿＿＿＿。
학교에 갑시다.

정답　1. ① つもり 예정, 계획　단어 明日 [あした] 내일　2. ④　단어 じょうずだ [上手だ] 잘하다
3. ① 行きます　② 行きましょう

10 JR야마노테선

TRACK 10

일본의 교통은 철도, 항공, 해상, 버스, 택시 등 편리하게 발달되어 있으며, 세계 최고를 자랑한다.

철도는 시간이 정확한 것과 안전성이 높은 것으로도 유명하다. 최대 규모의 **JR일본철도**그룹은 국내 전역에 그물망 같은 노선망을 갖추고 있으며, 빠르고 쾌적한 초특급열차인 **신칸센 新幹線**은 우리나라의 KTX 고속열차와 비슷하다. 최고속도 시속 300km이상으로 달리며 도쿄-오사카 간 약 550km으로 달리는 도카이도 신칸센도 있다. 특급, 급행 등에 따라 멈추는 곳이 다르며, **グリーン車** 그린샤 **1등석**, **지정좌석**, **침대석** 등 좌석의 종류도 다양하다.

표는 자동판매기에서 살 수도 있지만 대부분은 역내의 **미도리노 마도구치** みどりの窓口 **녹색창구**에서 구입한다.

도쿄와 오사카 등의 대도시는 국철인 JR야마노테센 山の手線과 여러회사에서 운영하는 지하철, 전철이 운영되고 있다.

출퇴근시에는 많은 사람들이 이용하며 도시 곳곳을 거미줄처럼 연결하고 있어 이용하는데 편리하다. 지하철은 노선마다 운영하는 회사가 다른 경우가 있어 갈아탈 때 요금을 따로 정산해야하는 경우도 있다. 주요노선은 JR야마노테센(山の手線 녹색)과 마루노우치센(丸の内線 빨강색), 긴자센(銀座線 노랑색) 등이다.

〈표 파는 곳〉

〈플랫폼〉

〈JR 신주쿠역〉

생각보다 지하철 요금이
제법 나오겠는 걸?

왜?

JR야마노테센과 여러회사에서 지하철을
운영해서 갈아탈때 요금을 따로 정산해야
하거든..

잘난체 대마왕!

〈역내〉

TRACK 10

일단 듣기 ✔ ● ●   체크업!! ● ● ●   말하기 ● ● ●

아노-, 낍뿌와 도꼬데 까이마스까
あのう、切符は どこで 買いますか。
저, 표는 어디에서 삽니까?

지도-함바이끼데 까이마스
自動販売機で 買います。
자동판매기에서 삽니다.

쥐-아-루신쥬꾸에끼마데 이꾸라데스까
ジェーアール新宿駅まで いくらですか。
JR신주쿠역까지 얼마입니까?

햐꾸로꾸쥬-엔데스
160円です。
160엔입니다.

데와, 도꼬데 노리마스까
では、どこで 乗りますか。
그럼, 어디에서 탑니까?

삼반노 호-무데 노리마스
3番の ホームで 乗ります。
3번 홈에서 탑니다.

✓ 대화 내용의 구문 및 문법 핵심을 알아두자!

의문 조사 * p135 참조

あのう、切符は どこで 買いますか。
きっぷ 표

동사 買う의 정중한 의문표현
까우

自動販売機で 買います。
~에서

ジェーアール新宿駅まで いくらですか。
JR의 카타카나식 표현　　　　　　　　 얼마 * p137 참조

160円です。

えん 일본의 화폐 단위

では、どこで 乗りますか。

동사 乗る의 정중한 의문표현
노루

3番の ホームで 乗ります。
3번　　プ랫폼

쓰기 연습

TRACK **10**

글자 쓰기

じ						
zi 지						

ば						
ba 바						

ひ						
hi 히						

단어 쓰기

줴-아-루 **ジェーアール** JR(일본 철도 회사)			

햐꾸 **ひゃく** 100,百			

호-무 **ホーム** 홈(여기서는 플랫폼을 의미)			

TRACK 10

 한자를 쓰는 것 보다 어떻게 읽는지 주의 깊게 살펴보자.

한자	읽기	쓰기

きっ ぷ
切符
낍뿌

표

❶ 切符 ❷ ❸ ☑ ☐ ☐
きっ ぷ

じ どう はん ばい き
自動販売機
지도–함바이끼

자동판매기

❶ 自動販売機 ❷ ☐ ☐ ☐
じ どう はん ばい き

か
買う
까우

사다

❶ 買う ❷ ❸ ☐ ☐ ☐
かう

えん
円
엥

엔(일본의 화폐단위)

❶ 円 ❷ ❸ ☐ ☐ ☐
えん

の
乗る
노루

타다

❶ 乗る ❷ ❸ ☐ ☐ ☐
のる

01

どこで 買^かいますか。
도꼬데 까이마스까

어디에서 삽니까?

1 どこ 어디와 ～で ～에서가 합쳐져서 **어디에서**라는 뜻이 된다. で는
장소를 나타내는 조사이다.

어디   ～에서

2 買いますか 삽니까?는 동사 買う ^{까우} **사다**의 **정중한 의문표현**으로 이번
과에서는 동사의 정중한 표현에 대해 알아보도록 하자.

사다   삽니다   (까?)

위와 같이 동사 끝의 う가 い로 바뀌고 뒤에 ます가 붙어서 정중한 뜻이
된다. 여기에 의문조사 か가 붙으면 정중한 의문 표현이 되는 것이다.

買う kau **사다** 처럼 동사의 기본형의 끝이
う u음으로 끝나는 동사들을 **1그룹동사**라고 불러.

기본동사들의 활용

명사나 형용사의 정중한 표현은 뒤에 『-です』를 붙여서 표현한다. 그럼 동사의 정중한 표현인 ~합니다, ~니다는 어떻게 표현할까?
동사는 규칙적으로 기본형의 끝이 변하는데, 활용형에 따라서 3그룹으로 나뉜다. 규칙적으로 변화하므로 기본동사들의 활용을 잘 알아두도록 하자.

TRACK 10

동사의 기본형의 끝이
-u 우로만 끝나.

1그룹		2그룹		3그룹	
kau か 買う	사다	taberu た 食べる	먹다	kuru く 来る	오다
noru の 乗る	타다	miru み 見る	보다	suru する	하다
iku い 行く	가다	oboeru おぼ 覚える	기억하다		
kaku か 書く	쓰다	okiru お 起きる	일어나다		
nomu の 飲む	마시다				

예외로 2개뿐이 없어.

동사의 기본형의 끝이
-eru 에루, -iru 이루로만 끝나.

학자들에 따라 1그룹·2그룹·3그룹을 1단동사·2단동사·불규칙동사 혹은 1류동사·2류동사·3류동사라고도 한다.

그럼, 이러한 동사들은 어떻게 활용 할까?
정중한 표현을 나타낼 때에는 그룹에 따라 다르게 활용한다.

TRACK 10

발음변화에 주의

1그룹 ます형		2그룹 ます형		3그룹 ます형	
か 買う ➡	까이마스 買います 삽니다	た 食べる ➡	따베마스 食べます 먹습니다	꾸루 来る ➡	끼마스 来ます 옵니다
の 乗る ➡	노리마스 乗ります 탑니다	み 見る ➡	미마스 見ます 봅니다	스루 する ➡	시마스 します 합니다
い 行く ➡	이끼마스 行きます 갑니다	おぼ 覚える➡	오보에마스 覚えます 기억합니다		
か 書く ➡	까끼마스 書きます 씁니다	お 起きる➡	오끼마스 起きます 일어납니다		
の 飲む ➡	노미마스 飲みます 마십니다				

예외로 2개뿐이 없어.

기본형의 끝 -ru루를 떼고 ます를 붙여.

기본형의 끝 -u우 … -i 이음으로 바꾸고 -ます를 붙여.

がっこう い
• 学校へ 行く。   ➡   学校へ 行きます。
학교에 간다.   학교에 갑니다.

た
• ラーメンを 食べる。 ➡   ラーメンを 食べます。
라면을 먹는다.   라면을 먹습니다.

がっこう く   がっこう き
• 学校へ 来る。   ➡   学校へ 来ます。
학교에 온다.   학교에 옵니다.

02 いくらですか。
이꾸라데스까

얼마입니까?

いくら는 **얼마**라는 뜻으로 **−ですか**가 붙어 **얼마입니까?**라는 가격을 묻는 표현이다.
더욱 공손한 표현으로 앞에 **お**를 붙여 **おいくらですか**라고 해도 된다.
일본의 화폐단위는 <ruby>円<rt>えん</rt></ruby> (¥)엔이다.

이꾸라
いくら   얼마

꼬레와 이꾸라데스까
- これは　いくらですか。   이것은 얼마입니까?

햐꾸엔데스
ひゃく えん
… 百円です。   백엔입니다.

셍엔데스
せん えん
… 千円です。   천엔입니다.

이찌망엔데스
いちまん えん
… 一万円です。   만엔입니다.

만엔의 경우 万円이 아닌
一万円이라고 써.

これは　いくらですか。

계산대에 가서 물어보세요!

03 どこで 乗^のりますか。

도꼬데 노리마스까

어디에서 탑니까?

乗^のりますか 탑니까?는 乗^のる 타다의 정중한 표현으로 1그룹동사에 속한다. ます형은
る ➡ り로 바꾸고 ます를 붙이면 된다.
~을 타다는 ~に 乗^のる로 조사 を를 쓰지 않고 に를 쓰는 것에 주의하자.

~に 乗^のる ⟺ ~から 降^おりる

~을 타다　　　　　　　　~에서 내리다

• どこで 電車^{でんしゃ}に 乗^のりますか。

어디에서 전철을 탑니까?

降^おりる oriru는 기본형의 끝이 -iru이루로 끝나는 2그룹동사로 ます형은 降^おります가 돼.

고통수단　　　　　　　　　　　　　　　　　　　TRACK **10**

飛行機^{ひこうき}	船^{ふね}	汽車^{きしゃ}
비행기	배	기차
新幹線^{しんかんせん}	バス bus	タクシー taxi
신칸센	버스	택시
地下鉄^{ちかてつ}	電車^{でんしゃ}	歩^{ある}いて
지하철	전철, 전차	걸어서

04 3番の ホーム さんばん　3번 플랫폼

삼반노 호-무

1 3番

3番은 **3번**이란 뜻으로, 번호를 의미한다. 숫자에 번호를 나타내는 **番**을 붙이면 되는데, 一番은 ❶ 1번이란 뜻 외에 ❷ 가장, 제일이라는 의미도 가지고 있다.

❶ 1번
❷ 가장, 제일

いちばん
一番

2번

にばん
二番

3번

さんばん
三番

4번

よんばん
四番

5번

ごばん
五番

2 ホーム 플랫폼

プラットホーム platform의 약자로 **승강장**을 의미한다. 전철이나 기차 등을 탈 수 있는 승강장, 플랫폼을 말하며 큰 역의 경우 승강장이 10군데도 넘는 곳이 있으므로 주의해서 타야만 한다.

경축일

국경일이 일요일과 겹칠 때는 다음 월요일도 공휴일이 된다. 평일이 공휴일 사이에 올 때는 공휴일이 되며, 5월 4일이 이에 적용된다.

12월 25일(크리스마스)은 경축일이 아니다. 12월 29일~ 1월 3일 사이는 관공청·기업은 업무를 하지 않는다.

1월 1일	정월 초하루
1월의 제 2월요일	성인의 날
2월 11일	건국기념일
3월 20일 (혹은 21일)	춘분
4월 29일	녹색의 날(미도리노히)
5월 3일	헌법기념일
5월 5일	어린이 날
7월 세째주 월요일	바다의 날
9월 세째주 월요일	경로의 날
9월 23일 (혹은 24일)	추분
10월의 제 2월요일	체육의 날
11월 3일	문화의 날
11월 23일	근로감사의 날
12월 23일	천황탄생일

4월

日	月	火	水	木	金	土
					1	2
3	4	5	6	7	8	9
10	11	12	13	14	15	16
17	18	19	20	21	22	23
24	25	26	27	28	29	30

5월

日	月	火	水	木	金	土
1	2	3	4	5	6	7
8	9	10	11	12	13	14
15	16	17	18	19	20	21
22	23	24	25	26	27	28
29	30					

국경일이 일요일과 겹칠 때는 다음 월요일도 공휴일이 돼. 평일이 공휴일 사이에 올 때는 공휴일이 되며, 위 경우 5월 2일, 4일에 쉬어.

헐! 대박 완전 좋네.. 우리나라도 이랬으면 좋겠다.

연습문제

1. 밑줄 친 곳에 알맞은 동사의 활용형은?

切符は　どこで　<u>買う</u>。　　표는 어디에서 삽니까?

① 買ますか　　　② 買えますか　　　③ 買いますか

2. 순서대로 (　　　)에 들어갈 알맞은 조사는?

バス(ㄱ) 乗る。 － 電車(ㄴ) 降りる。

　　　ㄱ　ㄴ　　　　　　　　　ㄱ　ㄴ
① を, を　　　　　② を, に
③ を, から　　　　④ に, に

3. 보기에 주어진 단어들로 알맞은 문장을 만드세요.

行きます,　歩いて,　は,　へ,　会社,　私

➡ _____

나는 걸어서 회사에 갑니다.

 1. ③ 買(か)いますか。[삽니까?] ⇒ 買(か)える [살 수 있다]　2. ③
3. 私は　歩いて　会社へ　行きます。　＊歩(ある)く [걷다]

외국어출판을 선도하는 (주) 동인랑

히라가나와 카타카나를 쉽게 외운다!

초간단

Japan

일본어
글씨본

GO!

초간단
일본어
글씨본

본문에서 외웠던 글자를 다시 한 번 정리해 보자!

언어를 배우는 가장 좋은 방법은 그 나라의 문화 속에서 자연스럽게 말을 배우고 나서 그 나라의 언어를 이루고 있는 문자를 익히는 것이다. 하지만 일본어를 처음 배우기 시작할 때 우리는 부득이 문자를 외우고 단어를 외우는 과정을 거치게 된다. 그러나 일본어를 처음 배우는 학습자들은 50음도를 단순히 외우고 쓰는 일에 싫증을 내어 일본어에 대한 흥미를 잃게 되는 경우를 종종 보게 된다.

일본어는 우리말과 같은 한자권의 언어이기 때문에 쉽게 느껴지지만 처음 배우기 시작하는 학습자들에게는 문자가 생소하고, 발음 또한 우리말과 다르기 때문에 처음에 제대로 쓰고 발음하는 것이 중요하다.
따라서 일본어를 전혀 모르는 완전 초보자를 위해 어떻게 하면 일본어의 문자를 쉽고 빨리 익힐 수 있는가를 생각하여 일본어의 문자인 **ひらがな** 히라가나와 **カタカナ** 카타카나를 실생활에서 사용하는 단어들을 위주로 구성하였다. 한 나라의 언어를 습득하기 위한 최상의 비결은 꾸준히 반복하여 노력하는 것이다.

시작이 반이라는 말이 있듯이 꾸준히 노력하여 아무쪼록 이 교재가 여러분들의 일본어 학습에 튼튼한 기초가 되기를 바란다.

이 책의 특징

 순서대로 일본어 쓰기 연습
본 책에서는 그때그때 나올 때 마다 글자를 익혔다. 부록으로 제공되는
일본어글씨본은 순서대로 외울 수 있도록 해서 다시 한 번 일본어의 히
라가나(50) 와 카타카나(50)를 정리해 외울 수 있도록 하였다.

 쓰기연습만으로도 실생활 단어실력이 함께 UP
실생활에 많이 쓰이는 단어들을 예로 하여 쓰기연습을 할 수 있도록 하
였다. 쓰기연습만으로도 단어 실력이 업된다.

 쓰기 방법을 포인트로 알려주는 제대로 된 쓰기연습
각 글자마다 주의할 점을 포인트로 꼭 집어 알려주어 외우기 쉽고, 제대로
글자연습을 할 수 있다.

 ひらがな 히라가나 **먼저 カタカナ** 카타카나**는 그 다음에**
일본어는 주로 **ひらがな**와 **カタカナ**, 한자 등이 쓰이지만 평소 **ひらがな**가
가장 많이 쓰이므로 **ひらがな**를 완전히 익힌 다음 **カタカナ**를 연습하도
록 하였다.

 착각하기 쉬운 ひらがな 히라가나**와 カタカナ** 카타카나
마지막 부분에 서로 비슷하게 생겨 틀리기 쉬운 글자들을 모아놓아 따
로 확인할 수 있도록 하였다.

 너무 많지 않은 꼭 필요한 분량의 쓰기연습
너무 많지도 적지도 않게 쓰며 외우기 적당한 분량만을 제시하여 지겹
지 않게 확실히 외우고 연습할 수 있도록 하였다.

ひらがな 히라가나　오십음도 五十音図

	あ단	**い**단	**う**단	**え**단	**お**단
あ행	あ 아 a	い 이 i	う 우 u	え 에 e	お 오 o
か행	か 까 ka	き 끼 ki	く 꾸 ku	け 께 ke	こ 꼬 ko
さ행	さ 사 sa	し 시 shi	す 스 su	せ 세 se	そ 소 so
た행	た 따 ta	ち 찌 chi	つ 쯔 tsu	て 떼 te	と 또 to
な행	な 나 na	に 니 ni	ぬ 누 nu	ね 네 ne	の 노 no
は행	は 하 ha	ひ 히 hi	ふ 후 fu	へ 헤 he	ほ 호 ho
ま행	ま 마 ma	み 미 mi	む 무 mu	め 메 me	も 모 mo
や행	や 야 ya	い	ゆ 유 yu	え	よ 요 yo
ら행	ら 라 ra	り 리 ri	る 루 ru	れ 레 re	ろ 로 ro
わ행	わ 와 wa	い	う	え	を 오 o
					ん 응 n·m·ŋ·N

*위의 영어발음 표기는 헤본식 ヘボン式 표기로
여권 등에 사용하는 공식표기법이다.

カタカナ 카타카나

	ア단	イ단	ウ단	エ단	オ단
ア행	ア 아 a	イ 이 i	ウ 우 u	エ 에 e	オ 오 o
カ행	カ 카 ka	キ 키 ki	ク 쿠 ku	ケ 케 ke	コ 코 ko
サ행	サ 사 sa	シ 시 shi	ス 스 su	セ 세 se	ソ 소 so
タ행	タ 타 ta	チ 치 chi	ツ 츠 tsu	テ 테 te	ト 토 to
ナ행	ナ 나 na	ニ 니 ni	ヌ 누 nu	ネ 네 ne	ノ 노 no
ハ행	ハ 하 ha	ヒ 히 hi	フ 후 fu	ヘ 헤 he	ホ 호 ho
マ행	マ 마 ma	ミ 미 mi	ム 무 mu	メ 메 me	モ 모 mo
ヤ행	ヤ 야 ya	イ	ユ 유 yu	エ	ヨ 요 yo
ラ행	ラ 라 ra	リ 리 ri	ル 루 ru	レ 레 re	ロ 로 ro
ワ행	ワ 와 wa	イ	ウ	エ	ヲ 오 o

ン 응 n·m·ŋ·N

ひらがな

미리 알아두기

あ安	か加	さ左	た太	な奈	は波	ま末	や也	ら良	わ和
い以	き幾	し之	ち知	に仁	ひ比	み美		り利	
う宇	く久	す寸	つ川	ぬ奴	ふ不	む武	ゆ由	る留	
え衣	け計	せ世	て天	ね禰	へ部	め女		れ礼	
お於	こ己	そ曾	と止	の乃	ほ保	も毛	よ与	ろ呂	を遠 ん无

ひらがな
1.청음

청음이란, 일본어의 오십음도에 나와 있는 음들을 말한다. 성대에 손을 대고 발음을 해보면 거의 떨림이 없이 일정하다는 것을 알 수 있다.

TRACK 11

あ행

あ	い	う	え	お
아 [a]	이 [i]	우 [u]	에 [e]	오 [o]

あ
[a] 安

あめ　사탕

1획과 2획이 직선이 되지 않도록 둥글둥글하게 쓴다.

い
[i] 以

いちご　딸기

り가 되지 않도록 왼쪽 획은 길고 오른쪽 획은 짧게 쓴다.

あ행의 발음은 우리말의 **아·이·우·에·오**와 비슷하지만, う와 お 는 입술을 둥글게 하지 않고 발음하며, う는 우리말의 으 와 우 의 중간 발음에 가깝다.

う [u] 宇

うどん 우동

1획을 작게 하고 2획이 ㄱ과 같이 꺽이지 않도록 쓴다.

え [e] 衣

えき 역

△형의 모양으로 1획의 점은 중앙의 위에 작게 찍는다.

お [o] 於

おでん 오뎅

1획은 짧게 긋고 2획은 수직선을 길게 내려 그은 다음 삐쳐 올린다.

TRACK **11**

か^행

か	き	く	け	こ
까 [ka]	끼 [ki]	꾸 [ku]	께 [ke]	꼬 [ko]

か
[ka] 加

かさ 우산

1획의 처음 부분을 힘있게 시작하여 직각이 되지 않도록 둥글게 쓴다. 3획은 너무 멀지 않도록 한다.

き
[ki] 幾

きもの 기모노

1획은 2획보다 짧게 쓰고 3획의 끝 부분이 멈춰지도록 한다.

か행의 발음은 우리말의 가·기·구·게·고 보다는 약간 된소리이지만
카·키·쿠·케·코 처럼 너무 강하게 발음하지 않도록 한다.

발음

く [ku] 久

くすり 약

좁은 직사각형의 글자로 힘있게 눌러 쓰다가 가운데 부분에서 힘을 약간 뺀 다음 꺾이지 않게 쓴다.

け [ke] 計

けいさつ 경찰

□형의 모양으로 1획은 끝 부분을 삐쳐 올리며 3획은 약간 길게 뺀다.

こ [ko] 己

こたつ 고다츠

1획은 2획보다 짧다. 2획의 끝부분은 눌러서 멈춘다.

155

さ행

さ し す せ そ

사 [sa]　시 [shi]　스 [su]　세 [se]　소 [so]

TRACK 11

さ
[sa] 左

さしみ 사시미 (회)

한 획으로 연결된 것 같이 쓴다. 2획의 끝 부분은 빼지말고 힘을 넣어 멈춘다.

し
[shi] 之

しお 소금

한 번에 선을 긋는다. 아래 부분이 꺾이지 않도록 한다.

さ행의 발음은 우리말의 **사·시·스·세·소**를 부드럽게 발음하듯이 한다. 입은 크게 벌리지 않는 것이 좋다.

す [su] 寸

すし 스시 (초밥)

1획을 길게 하고 2획은 내려 긋다가 한 바퀴 돌려 뺀다.

せ [se] 世

せいと 학생

1획을 약간 올려 길게 긋고 3획은 둥글게 쓰다가 멈춘다.

そ [so] 曾

そば 메밀국수

마름모꼴이 되도록 2획을 길게 쓰되 단숨에 쓴다. そ라고 2번에 나누어 쓰기도 한다.

ひらがな
1.청음

た행

た　ち　つ　て　と

따 [ta]　찌 [chi]　쯔 [tsu]　떼 [te]　또 [to]

TRACK 11

た
[ta] 太

たこやき 다꼬야끼

1획을 짧게 살짝 올리고, 2획은 비스듬히 길게 쓴다. 3획과 4획은 너무 좁거나 넓지 않도록 한다.

ち
[chi] 知

ちず　지도

さ와 혼동하지 않도록 2획을 시계방향으로 돌려 뺀다.

158

た・て・と 는 **타·테·토** 보다 약하게 발음하되 단어의 중간에
있을 때는 **따·떼·또** 보다 약하게 들린다.

발음

つ [tsu] 川

つき　달

힘있게 펜을 대고 단숨에 시계방향으로 돌려 뺀다.

て [te] 天

てがみ　편지

▽형 모양의 글자로 약간 올려 쓰다가 반대쪽 방향으로 꺾어 단숨에 긋는다.

と [to] 止

とうふ　두부

1획은 약간 비스듬히 내려 긋고 2획은 글자의 균형이 잡히도록 둥글게 받혀준다.

な행

な	に	ぬ	ね	の
나 [na]	니 [ni]	누 [nu]	네 [ne]	노 [no]

TRACK **11**

な
[na] 奈

なまビール
생맥주

1획과 2획을 비스듬하게 긋고 3획과 4획은 한 획처럼 둥글게 돌려내려 쓰고 끝을 멈춘다.

に
[ni] 仁

にじ 무지개

□형 글자로 1획은 끝을 삐쳐 올리고, 2획과 3획의 간격이 너무 넓거나 좁지 않게 한다.

ぬ [nu] 奴

ぬいぐるみ
봉제인형

좁은 직사각형의 글자로 힘있게 눌러 쓰다가 가운데 부분에서 힘을 약간 뺀 다음 꺾이지 않게 쓴다.

ね [ne] 禰

ねぎ 파

정사각형 글자로 1획은 수직으로 내려 긋고 2획은 단숨에 시계방향으로 둥글게 그어 멈춘다.

の [no] 乃

のりまき 김밥

1획으로 대각선을 긋고 단숨에 시계방향으로 돌려 뺀다.

は [ha] 波

はし 젓가락

1획의 처음 부분을 힘있게 시작하여 직각이 되지 않도록 둥글게 쓴다. 3획은 너무 멀지 않도록 한다.

ひ [hi] 比

ひこうき 비행기

약간 올리다가 시계 반대방향으로 꺾어 둥글게 하고 끝 부분은 밑으로 꺾어 내려 멈춘다.

は행의 발음은 우리말의 **하·히·후·헤·호** 음과 비슷하게 발음한다.
ふ는 촛불을 끌 때의 입술모양으로 발음한다.

발음

ふ [hu] 不

ふとん 이불

△형 글자로 1획의 점을 힘주어 찍고 2획은 부드럽게 곡선을 그리며 내린다,
다음 3, 4획을 붓으로 이어 쓰듯이 긋는다,

へ [he] 部

へや 방

누운 직사각형의 모양으로 1획으로 쓴다,

ほ [ho] 保

ほし 별

□형 글자로 1획은 아래로 그어 삐쳐 올리고 「王」자를 쓰듯이 한 다음 아래를
둥글게 하고 멈춘다,

TRACK 11

ま행

ま	み	む	め	も
마 [ma]	미 [mi]	무 [mu]	메 [me]	모 [mo]

ま
[ma] 末

まくら　베개

직사각형 글자로 1획은 2획보다 길게 쓰고 3획은 수직으로 내려 긋다가 둥글게 하여 멈춘다.

み
[mi] 美

みかん　귤

△형 글자로 1획의 부분은 짧게 한다. 2획은 너무 길지 않게 쓴다.

む [mu] 武

むすこ 아들

□형 글자로 2획은 단숨에 돌려야하고 3획은 약간 높은 위치에 찍는다.

め [me] 女

めがね 안경

1획은 비스듬히 짧게 내리고 2획은 시계방향으로 단숨에 돌려뺀다.

も [mo] 毛

もも 복숭아

1획은 붓을 눌러 단숨에 긋고, 2 · 3획은 비스듬히 짧게 쓴다.

TRACK **11**

や い ゆ え よ

야 [ya]　이 [i]　유 [yu]　에 [e]　요 [yo]

や

[ya] 也

やま　산

1, 2, 3획을 이어 쓰듯이 연결하여 쓴다.

ゆ

[yu] 由

ゆかた　유카타
일본 전통 의상

1획은 단숨에 돌려 가운데로 길게 뺀다.

166

や행은 우리말의 **야·유·요**를 짧게 발음하듯이 한다.
다만 **ゆ**는 입술을 앞으로 내밀지 않도록 한다.

よ
[yo] 与

よる 밤

1획은 수평으로 짧게 긋고 2획은 수직으로 내려 긋다가 둥글게 한 다음 멈춘다.

여기까지 열심히 하고 있죠?
자, 다시 한 번 앞에서 공부한 것들을
복습해 봅시다..

や ゆ
よ

ら행

ら り る れ ろ

라 [ra]　리 [ri]　루 [ru]　레 [re]　로 [ro]

TRACK 11

ら
[ra] 良

らーめん 라면

う가 되지 않도록 유의한다.

り
[ri] 利

りんご 사과

2획보다 1획의 길이를 짧게 수직으로 내린다. い가 되지 않도록 한다.

ら행의 발음은 우리말의 **라·리·루·레·로** 와 비슷하다.
단, る는 입술이 둥글게 되지 않도록 유의해야 한다.

る [ru] 留

るす 부재중

1획을 짧게 긋고 꺾어 내리다가 시계방향으로 돌린다. 끝 부분이 밖으로 나가지 않도록 한다.

れ [re] 礼

れいぞうこ 냉장고

□형의 모양으로 2획의 끝 부분을 밖으로 뺀다. ね, わ와 혼동하지 않도록 한다.

ろ [ro] 呂

ろうそく 촛불

る와 비슷하게 쓰다가 끝부분을 뺀다. 3자처럼 되지 않도록 한다.

わ행 · ん

TRACK 11

わ　い　う　え　を　ん
와 [wa]　이 [i]　우 [u]　에 [e]　오 [o]　응 [n·m·ŋ] N

わ
[wa] 和

わりばし
나무젓가락

1획을 내려긋고 시계방향으로 돌려 뺀다. ね, れ의 구별에 유의한다.

を
[o] 遠

そらを みる
하늘을 보다

1획을 짧게 긋고 2획은 영어의 h자처럼 쓴 다음, 3획으로 균형을 잡는다.
끝 부분은 멈춘다.

わ는 **와**와 거의 비슷하며, を는 **お**와 발음은 같지만 조사로만
쓰이는 글자이다.

ん

[n·m·ŋ·N] 无

かばん 가방

△형모양의 글자로 영어의 필기체 **ɦ**자처럼 쓰되 밖으로 넉넉하게 뺀다,

연습

★ [ㄴ]으로 발음 [さ·ざ·た·だ·な·ら]행의 앞

はんたい [反對] 반대 うんどう[運動] 운동

★ [ㅁ]으로 발음 [ま·ば·ぱ]행의 앞

ぶんめい[文明] 문명 しんぶん[新聞] 신문

★ [·]으로 발음 [あ·か·が·や·わ]행의 앞 또는 [ん]으로 끝날 때

にんげん[人間] 인간 でんわ[電話] 전화

171

ひらがな
2. 탁음

탁음이란, か·さ·た·は행의 오른쪽 윗부분에 탁점 [゛]을 찍어 흐린 소리가
나오는 것을 말한다.

TRACK 11

が행

| が | ぎ | ぐ | げ | ご |
| 가 [ga] | 기 [gi] | 구 [gu] | 게 [ge] | 고 [go] |

が
[ga]

がっこう 학교

か의 오른쪽 어깨에 탁점(゛)을 찍는다. 너무 멀리 찍지 않는다.

ぎ
[gi]

ぎんこう 은행

き의 오른쪽 어깨에 탁점(゛)을 찍는다. 너무 멀리 찍지 않는다.

が행은 우리말의 단어 중간에 있는 **가·기·구·게·고**와 비슷하다.

ぐ
[gu]

ぐあい [具合]
상태

く 의 오른쪽 어깨에 탁점(゛)을 찍는다, 너무 멀리 찍지 않는다,

げ
[gu]

げた 게따

け 의 오른쪽 어깨에 탁점(゛)을 찍는다, 너무 멀리 찍지 않는다,

ご
[go]

ごみばこ
쓰레기통

こ 의 오른쪽 어깨에 탁점(゛)을 찍는다, 너무 멀리 찍지 않는다,

TRACK 11

ざ행

ざ じ ず ぜ ぞ
자 [za]　지 [ji]　즈 [zu]　제 [ze]　조 [zo]

ざ
[za]

ざるそば
자루소바

さ의 오른쪽 어깨에 탁점(゛)을 찍는다. 너무 멀리 찍지 않는다.

じ
[ji]

じかん
시간

し에 탁점(゛)이 너무 멀거나 가깝지 않도록 한다.

우리말의 **자·지·즈·제·조** 음과 비슷하다.

ず [zu]

すずめ [雀]
참새

ず 는 동그라미를 너무 크게 만들지 않는다. 탁점(゛)은 동그라미 옆이 아닌 우측상단이다.

ぜ [ze]

ぜひ 꼭

ぜ 는 2획을 그을 때 너무 길게 해서 3획 끝에 닿으면 안된다.

ぞ [zo]

ぞう [象]
코끼리

빨리 쓰다보면 흘림체가 되어 한 획처럼 보이므로 또박또박 써보자.

だ행

だ ぢ づ で ど
다 [da]　지 [ji]　즈 [zu]　데 [de]　도 [do]

TRACK 11

だ
[da]

だいこん
무

た의 오른쪽 어깨에 탁점(゙)을 찍는다. 너무 멀리 찍지 않는다.

ぢ
[ji]

ちぢむ
줄어들다

ぢ 는 탁점이 너무 1획에 닿지 않도록 한다.

だ행 중 だ·で·ど 는 단어 중간의 **다·데·도** 음과 비슷하다.
ぢ와 づ는 각각 じ와 ず음과 발음이 같다.

づ [zu]

つづく
계속되다

つ는 너무 작게 쓰면 촉음과 구분이 안되므로 넉넉히 쓰고 탁점(〝)을 찍는다.

で [de]

でぐち
출구

で는 て의 둥근 부분이 좌우 어느쪽으로든 치우치면 안된다.

ど [do]

どうぶつ
동물

ど는 1획을 2획의 둥근 허리부분에 걸치지말고 중간경사면에 긋고 탁음을 찍는다.

TRACK 11

ば　び　ぶ　べ　ぼ
바 [ba]　비 [bi]　부 [bu]　베 [be]　보 [bo]

ば
[ba]

ばか 바보, 멍청이

は의 오른쪽 어깨에 탁점(゛)을 찍는다.

び
[bi]

はなび
불꽃놀이

ひ의 오른쪽 어깨에 탁점(゛)을 찍는다.

ば행은 우리말의 **바** · **비** · **부** · **베** · **보** 음과 비슷하다.

ぶ [bu]

ぶらんこ
그네

ふ의 오른쪽 어깨에 탁점(゛)을 찍는다.

べ [be]

べんとう
도시락

へ의 오른쪽 어깨에 탁점(゛)을 찍는다.

ぼ [bo]

ぼく   나

ほ의 오른쪽 어깨에 탁점(゛)을 찍는다.

3.반탁음 ひらがな

반탁음이란, は행의 오른쪽 윗부분에 반탁점〔 〕을 찍어 나타내며 된소리로 발음한다.

TRACK **11**

ぱ행

ぱ	ぴ	ぷ	ぺ	ぽ
빠 [pa]	삐 [pi]	뿌 [pu]	뻬 [pe]	뽀 [po]

ぱ
[pa]

ぱたぱた 탁탁

😊 は의 오른쪽 어깨에 반탁점(°)을 찍는다. 너무 멀리 찍지 않는다.

ぴ
[pi]

ぴかぴか
번쩍번쩍

😊 ひ의 오른쪽 어깨에 반탁점(°)을 찍는다. 너무 멀리 찍지 않는다.

우리말의 **파·피·푸·페·포**에 가깝다.
단, 단어의 중간에서는 **빠·삐·뿌·뻬·뽀**에 가까운 발음이다.

발음

ぷ
[pu]

ぷかぷか
뻐끔뻐끔

ふ의 오른쪽 어깨에 반탁점(°)을 찍는다. 너무 멀리 찍지 않는다.

ぺ
[pe]

ぺこぺこ 굽
실굽실

へ의 오른쪽 어깨에 반탁점(°)을 찍는다. 너무 멀리 찍지 않는다.

ぽ
[po]

ぽかぽか
포근포근

ほ의 오른쪽 어깨에 반탁점(°)을 찍는다. 너무 멀리 찍지 않는다.

요음이란, い단의 자음 즉, き·ぎ·し·じ·ち·に·ひ·び·ぴ·み·り에 작은 や·ゆ·よ를 오른쪽 밑에 붙여서 짧게 한음절로 발음하면 된다.

TRACK 11

きゃ	きゅ	きょ	ぎゃ	ぎゅ	ぎょ…
꺄 [kya]	뀨 [kyu]	꾜 [kyo]	갸 [gya]	규 [gyu]	교 [gyo]

きゃ
꺄 [kya]

きゃく [客] 손님

きゃ

きゅ
뀨 [kyu]

きゅうか [休暇] 휴가

きゅ

きょ 꾜 [kyo]

きょねん [去年] 작년

ぎゃ 갸 [gya]

ぎゃく 반대

ぎゅ 규 [gyu]

ぎゅうにゅう [牛乳] 우유

ぎょ 교 [gyo]

ぎょうれつ
행렬 : 열을 지어서 걸음

ひらがな

4. 요음

TRACK 11

| しゃ 샤 [sha] | しゅ 슈 [shu] | しょ 쇼 [sho] |
| じゃ 쟈 [ja] | じゅ 쥬 [ju] | じょ … 죠 [jo] |

しゃ 샤 [sha]
しゃしん [写真]
사진

しゃ

しゅ 슈 [shu]
しゅみ [趣味]
취미

しゅ

しょ
쇼 [sho]
しょくじ [食事]
식사

しょ				

じゃ
쟈 [ja]
じゃがいも
감자

じゃ				

じゅ
쥬 [ju]
じゅうしょ
[住所] 주소

じゅ				

じょ
죠 [jo]
じょせい
[女性] 여성

じょ				

185

ひらがな	4. 요음		
ちゃ 쨔 [cha]	ちゅ 쮸 [chu]	ちょ 쬬 [cho]	TRACK 11
ぢゃ 쟈 [ja]	ぢゅ 쥬 [ju]	ぢょ … 죠 [jo]	

ちゃ 쨔 [cha]
ちゃ [お茶] 차
ちゃ

ちゅ 쮸 [chu]
ちゅうもん [注文] 주문
ちゅ

ちょ
쪼 [cho]

ちょうかん
[朝刊] 조간

ちょ

ぢゃ
쟈 [ja]

ぢゃ

ぢゅ
쥬 [ju]

ぢゅ

ぢょ
죠 [jo]

ぢょ

TRACK 11

にゃ	にゅ	にょ
냐 [nya]	뉴 [nyu]	뇨 [nyo]
ひゃ	ひゅ	ひょ …
햐 [hya]	휴 [hyu]	효 [hyo]

にゃ
냐 [nya]
こんにゃく
곤약

にゅ
뉴 [nyu]
にゅうがく
[入学] 입학

にょ 뇨 [nyo]

てんにょ [仙女]
선녀

にょ

ひゃ 햐 [hya]

ひゃく [百]
100

ひゃ

ひゅ 휴 [hyu]

ひゅ

ひょ 효 [hyo]

ひょうき [表記]
표기

ひょ

TRACK **11**

びゃ	びゅ	びょ
뱌 [bya]	뷰 [byu]	뵤 [byo]

ぴゃ	ぴゅ	ぴょ…
뺘 [pya]	쀼 [pyu]	뾰 [pyo]

びゃ
뱌 [bya]

さんびゃく
[三百] 300

びゃ

びゅ
뷰 [byu]

びゅうびゅう
휙~휙~

びゅ

びょ 뵤 [byo]

びょういん
[病院] 병원

ぴゃ 뺘 [pya]

ろっぴゃく
[六百] 600

ぴゅ 쀼 [pyu]

ぴゅうぴゅう
바람소리가 씽~씽~

ぴょ 뾰 [pyo]

ぴょんぴょん
깡총깡총

ひらがな
4. 요음

TRACK 11

みや	みゆ	みよ
먀 [mya]	뮤 [myu]	묘 [myo]

りゃ	りゅ	りょ…
랴 [rya]	류 [ryu]	료 [ryo]

みや
먀 [mya]

みゃく [脈] 맥

みや

みゆ
뮤 [myu]

みゆ

みよ
묘 [myo]

みようじ [名字]
성

りや
랴 [rya]

りゃくず [略図]
약도

りゅ
류 [ryu]

りゅうこう
유행

りょ
료 [ryo]

りょこう [旅行]
여행

みよ				

りや				

りゅ				

りょ				

あ → お	い → り
a / o	i / ri
う → ら	き → さ
u / ra	ki / sa
こ → て	た → な
ko / te	ta / na
ぬ → め	は → ほ
nu / me	ha / ho
ま → も	る → ろ
ma / mo	ru / ro

ね → れ → わ

ne / re / wa

カタカナ

미리 알아두기

ア阿	カ加	サ散	タ多	ナ奈	ハ八	マ末	ヤ也	ラ良	ワ和
イ伊	キ幾	シ之	チ千	ニ二	ヒ比	ミ三		リ利	
ウ宇	ク久	ス須	ツ川	ヌ奴	フ不	ム牟	ユ由	ル流	
エ江	ケ介	セ世	テ天	ネ祢	ヘ部	メ女		レ礼	
オ於	コ己	ソ曾	ト止	ノ乃	ホ保	モ毛	ヨ与	ロ呂	ヲ乎	ン爾

1. 청음

청음이란, 일본어의 오십음도에 나와 있는 음들을 말한다. 성대에 손을 대고 발음을 해보면 거의 떨림이 없이 일정하다는 것을 알 수 있다.

TRACK 11

ア행

ア	イ	ウ	エ	オ
아 [a]	이 [i]	우 [u]	에 [e]	오 [o]

ア [a] 阿

マ와 혼동하지 않게 하고 2획은 가운데 중심에서 비스듬히 삐쳐 왼쪽으로 내려 긋는다.

イ [i] 伊

1획은 약간 가볍게 삐치며 한자의 사람인 변과 같이 쓴다.

あ행의 발음은 우리말의 **아 · 이 · 우 · 에 · 오**와 비슷하지만, ウ와 オ는 입술을 둥글게 하지 않고 발음하며, ウ는 우리말의 으와 우의 중간 발음에 가깝다.

발음

ウ [u] 宇

ラ와 혼동하지 않도록 하며 3획은 너무 길지 않게 비스듬히 꺾어내려 긋는다.

エ [e] 江

1획을 3획보다 짧게 쓰며 그와 혼동하지 않게 쓴다. H자 눕힌것.

オ [o] 於

2획은 수직으로 내려 그은 후 삐쳐 올리고 3획은 끝이 나오지 않게 비스듬히 내려 긋는다.

カ行

カ	キ	ク	ケ	コ
카[ka]	키[ki]	쿠[ku]	케[ke]	코[ko]

TRACK 11

カ [ka] 加

1획과 2획은 쌍을 이루도록 하고 힘 력 力자를 쓰듯이 한다.

キ [ki] 幾

1획과 2획은 비스듬히 쌍을 이루도록 하고 3획은 비스듬히 아래로 내려 긋는다.

カ행의 발음은 우리말의 **가·기·구·게·고** 보다는 약간 된소리
이지만 **카·키·쿠·케·코** 처럼 너무 강하게 발음하면 안된다.

발음

ク [ku] 久

1획과 2획은 쌍을 이루도록 하고 2획을 길게 비스듬히 내려 긋는다.
夕와 혼동하지 않도록 한다.

ケ [ke] 介

1획과 3획은 평행이 되게 하며 각 획의 방향에 유의하며 쓴다.

コ [ko] 己

1획의 세로 획은 직각으로 내려긋고 2획은 밖으로 삐치지 않도록 한다.
그와 혼동하지 않도록 한다.

199

サ행

サ	シ	ス	セ	ソ
사 [sa]	시 [shi]	스 [su]	세 [se]	소 [so]

TRACK 11

サ [sa] 散

2획은 똑바로 내려 긋고 3은 비스듬히 세로로 내려 긋는다.

シ [shi] 之

3획은 밑에서 위로 삐쳐 올린다. ツ 와 혼동하지 않도록 한다.

サ행은 우리말의 **사·시·스·세·소**를 부드럽게 발음하듯이 한다.
입은 크게 벌리지 않는 것이 좋다.

ス [su] 須

2획은 1획의 삐침 중간에 위치하여 너무 짧지 않도록 긋는다.
又 와 혼동하지 않도록 한다.

セ [se] 世

1획의 오른쪽이 약간 올라가서 각이 지게 꺾는다.

ソ [so] 曾

마름모꼴이 되도록 2획은 비스듬히 내려긋는다, ン 과 혼동하지 않는다.

201

タ・テ・トは 타・테・토 보다 약하게 발음하되 단어의 중간에 있을 때는 따・떼・또 보다 약하게 들린다.

ツ
[tsu] 川

1, 2획은 위에서 아래로 점을 찍듯이 하고 3획은 비스듬히 중앙을 향하여 내려 긋는다.

テ
[te] 天

1획보다 2획을 길게 하고 3획은 중앙에서 왼쪽으로 비스듬히 내려긋는다.

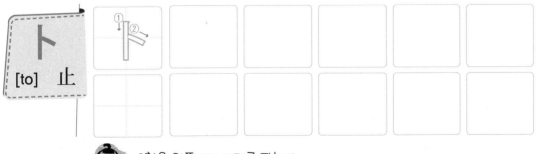

ト
[to] 止

2획은 위쪽에서 아래로 찍는다.

ナ행

ナ	ニ	ヌ	ネ	ノ
나[na]	니[ni]	누[nu]	네[ne]	노[no]

TRACK 11

ナ
[na] 奈

2획은 약간 왼쪽으로 휘도록 내려긋는다.

ニ
[ni] 二

1획과 2획이 쌍을 이루도록 하고 2획을 약간 길게 긋는다.

ヌ
[nu] 奴

2획의 점이 중앙에 오도록 한다. ス와 혼동 유의.

ネ
[ne] 祢

1획의 점이 중앙에 오도록 하여 마름모꼴이 되도록 한다.

ノ
[no] 乃

위에서 아래로 단순에 비스듬히 삐쳐 쓴다.

행 ハ

ハ	ヒ	フ	ヘ	ホ
하 [ha]	히 [hi]	후 [fu]	헤 [he]	호 [ho]

TRACK **11**

ハ
[ha] 八

한자의 八가 되지 않게 한다.

ヒ
[hi] 比

1획의 오른쪽이 약간 올라가도록 하여 왼쪽으로 비스듬히 긋는다.
필순에 유의.

ハ행의 발음은 우리말의 하·히·후·헤·호 음과 비슷하게 발음한다. フ는 촛불을 끌 때의 입술모양으로 발음한다.

발음

フ [fu] 不

평행으로 긋다가 비스듬히 아래로 삐친다.

ヘ [he] 部

산에서 내려오듯 부드럽게 긋는다.

ホ [ho] 保

3획과 4획을 연결시키지 않으며 서로 대칭이 되도록 하여 마름모꼴이 되도록 한다.

マ행

マ	ミ	ム	メ	モ
마 [ma]	미 [mi]	무 [mu]	메 [me]	모 [mo]

TRACK 11

マ
[ma] 末

2획의 점이 막아주어 균형있게 쓴다.

ミ
[mi] 三

왼쪽에서 오른쪽으로 비스듬히 간격을 일정하게 하여 약간 내려 긋는다.

マ행은 우리말의 마·미·무·메·모 와 같이 양 입술에서 나는 음에 가깝다.

발음

ム
[mu] 牟

한 획 한 획 각지게 쓴다.

メ
[me] 女

1획은 오른쪽에서 왼쪽으로 비스듬히 내려긋고 2획이 중앙에서 약간 위쪽으로 올라간 위치에서 긋는다. 1획보다 2획을 짧게 쓴다.

モ
[mo] 毛

1획보다 2획을 길게 쓰며 3획은 곧게 내린다.

209

カタカナ
1.청음

ヤ행

ヤ　イ　ユ　エ　ヨ
야 [ya]　이 [i]　유 [yu]　에 [e]　요 [yo]

TRACK 11

ヤ [ya] 也

1획의 오른쪽을 약간 올리고 안으로 삐친 후 2획을 비스듬히 교차시켜 내려 쓴다.

ユ [yu] 由

1획의 세로획을 약간 비스듬히 내리고 그 선과 만나도록 옆으로 긋는다.
그와 혼동하지 않도록 한다.

ヤ행은 우리말의 **야·유·요**를 짧게 발음하듯이 한다.
다만 **ユ**는 입술을 앞으로 내밀지 않도록 한다.

ヨ
[yo] 与

1획과 2, 3획의 간격을 균형있게 하며 1획의 세로 획을 비스듬히 긋는다.

일본어를 열심히 잘~외우고 공부해요!

ひらがな
カタカナ

히라가나

가타카나

211

ラ 라 [ra]　リ 리 [ri]　ル 루 [ru]　レ 레 [re]　ロ 로 [ro]

TRACK 11

ラ [ra] 良

1획을 2획보다 길지 않게 하고 적당한 간격을 유지시킨다. ウ가 되지 않도록 유의한다.

リ [ri] 利

1획과 2획이 평행이 되도록 하고 2획을 길게 왼쪽으로 내려 긋는다.

ㅋ행의 발음은 우리말의 라·리·루·레·로 와 비슷하다.
단, ル는 입술이 둥글게 되지 않도록 유의해야 한다.

발음

ル [ru] 流

1획을 약간 작게 삐치고 2획을 세로로 그었다 꺾어 올린다.

レ [re] 礼

우리말의 ㄴ받침이 되지 않도록 하고 단숨에 보기 좋게 꺾어 올린다.

ロ [ro] 呂

우리말의 ㅁ받침 보다 약간 작게 쓴다.

ワ행・ン

TRACK 11

ワ　イ　ウ　エ　ヲ　ン
와[wa]　이[i]　우[u]　에[e]　오[o]　응[n·m·ŋ·N]

ワ
[wa] 和

1획을 똑바로 짧게 내려 그은 후 2획을 안쪽으로 꺾어 균형있게 쓴다.

ヲ
[o] 乎

1획과 2획을 쌍을 이루도록 한다.

ン

[n·m·ŋ·N]　爾

점의 방향에 유의하고 2획은 밑에서 위로 삐쳐 올린다.

자, 얼마 남지 않았으니
좀 더 기운을 내요!

TRACK 11

2. 탁음

탁음이란, カ·サ·タ·ハ행의 오른쪽 윗 부분에 탁점 [゛]을 찍어 흐린 소리가 나오는 것을 말한다.

ガ행

ガ	ギ	グ	ゲ	ゴ
가[ga]	기[gi]	구[gu]	게[ge]	고[go]

ガ
가 [ga]

力 의 오른쪽 어깨에 탁점(゛)을 찍는다. 너무 멀리 찍지 않는다.

ギ
기 [gi]

キ 의 오른쪽 어깨에 탁점(゛)을 찍는다.

グ 구 [gu]

ク 의 오른쪽 어깨에 탁점(゛)을 찍는다,

ゲ 게 [ge]

ケ 의 오른쪽 어깨에 탁점(゛)을 찍는다,

ゴ 고 [go]

ゴ 의 오른쪽 어깨에 탁점(゛)을 찍는다,

TRACK 11

ザ행

ザ	ジ	ズ	ゼ	ゾ
자 [za]	지 [ji]	즈 [zu]	제 [ze]	조 [zo]

ザ 자 [za]

サ 의 오른쪽 어깨에 탁점(゛)을 찍는다.

ジ 지 [ji]

シ 의 오른쪽 어깨에 탁점(゛)을 찍는다.

ズ 즈 [zu]

ズ의 오른쪽 어깨에 탁점(゛)을 찍는다.

ゼ 제 [ze]

セ의 오른쪽 어깨에 탁점(゛)을 찍는다.

ゾ 조 [zo]

ソ의 오른쪽 어깨에 탁점(゛)을 찍는다.

TRACK **11**

ダ 행

ダ	ヂ	ヅ	デ	ド
다[da]	지[ji]	즈[zu]	데[de]	도[do]

ダ
다 [da]

夕 의 오른쪽 어깨에 탁점(〃)을 찍는다, 너무 멀리 찍지 않는다,

ヂ
지 [ji]

チ 의 오른쪽 어깨에 탁점(〃)을 찍는다,

ダ행 중 ダ·デ·ド는 단어 중간의 다·데·도 음과 비슷하다.
ヂ와 ヅ는 각각 ジ와 ズ음과 발음이 같다.

발음

ヅ
즈 [zu]

ツ의 오른쪽 어깨에 탁점(゛)을 찍는다.

デ
데 [de]

テ의 오른쪽 어깨에 탁점(゛)을 찍는다.

ド
도 [do]

ト의 오른쪽 어깨에 탁점(゛)을 찍는다.

221

ハ 의 오른쪽 어깨에 탁점(゙)을 찍는다.

ヒ 의 오른쪽 어깨에 탁점(゙)을 찍는다.

ブ
부 [bu]

フ 의 오른쪽 어깨에 탁점(˝)을 찍는다.

ベ
베 [be]

ヘ 의 오른쪽 어깨에 탁점(˝)을 찍는다.

ボ
보 [bo]

ホ 의 오른쪽 어깨에 탁점(˝)을 찍는다.

3.반탁음

반탁음이란, ハ 행의 오른쪽 윗부분에 반탁점 [ㅇ]을 찍어 나타내며
된소리로 발음한다.

TRACK 11

パ 파[pa]   ピ 피[pi]   プ 푸[pu]   ペ 페[pe]   ポ 포[po]

パ
파 [pa]

ハ의 오른쪽 어깨에 반탁점(ㅇ)을 찍는다.

ピ
피 [pi]

ヒ의 오른쪽 어깨에 반탁점(ㅇ)을 찍는다.

우리말의 파·피·푸·페·포에 가깝다.
단, 단어의 중간에서는 빠·삐·뿌·뻬·뽀에 가까운 발음이다.

プ 푸 [pu]

フ의 오른쪽 어깨에 반탁점(°)을 찍는다.

ペ 페 [pe]

ヘ의 오른쪽 어깨에 반탁점(°)을 찍는다.

ポ 포 [po]

ホ의 오른쪽 어깨에 반탁점(°)을 찍는다.

225

キョ
쿄 [kyo]

ギャ
갸 [gya]

ギュ
규 [gyu]

ギョ
교 [gyo]

TRACK **11**

シャ	シュ	ショ
샤[sha]	슈[shu]	쇼[sho]
ジャ	ジュ	ジョ…
쟈[ja]	쥬[ju]	죠[jo]

シャ
샤 [sha]

シャ

シュ
슈 [shu]

シユ

ショ
쇼[sho]

ジャ
쟈 [ja]

ジュ
쥬 [ju]

ジョ
죠 [jo]

TRACK **11**

チャ	チュ	チョ
챠 [cha]	츄 [chu]	쵸 [cho]
ヂャ	ヂュ	ヂョ …
쟈 [ja]	쥬 [ju]	죠 [jo]

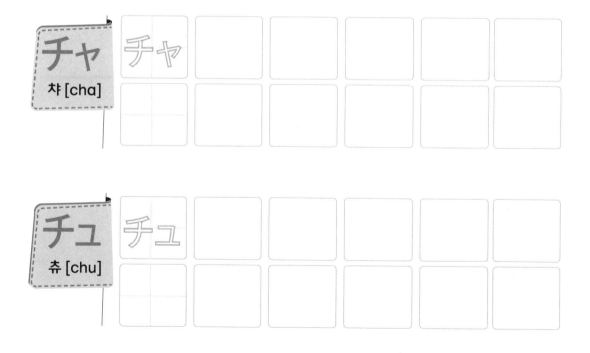

チャ 챠 [cha]

チュ 츄 [chu]

チョ
쵸 [cho]

ヂャ
쟈 [ja]

ヂュ
쥬 [ju]

ヂョ
죠 [jo]

231

カタカナ

4. 요음

TRACK 11

ニャ	ニュ	ニョ
냐 [nya]	뉴 [nyu]	뇨 [nyo]
ヒャ	ヒュ	ヒョ …
햐 [hya]	휴 [hyu]	효 [hyo]

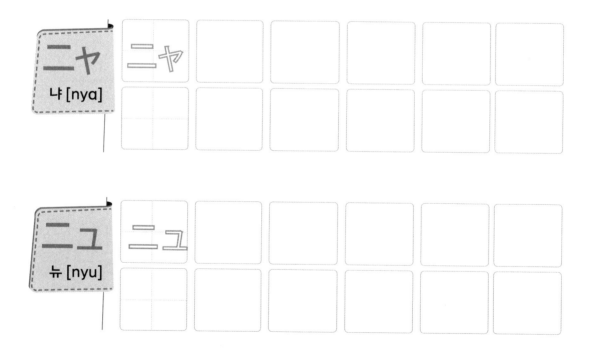

ニャ 냐 [nya]

ニュ 뉴 [nyu]

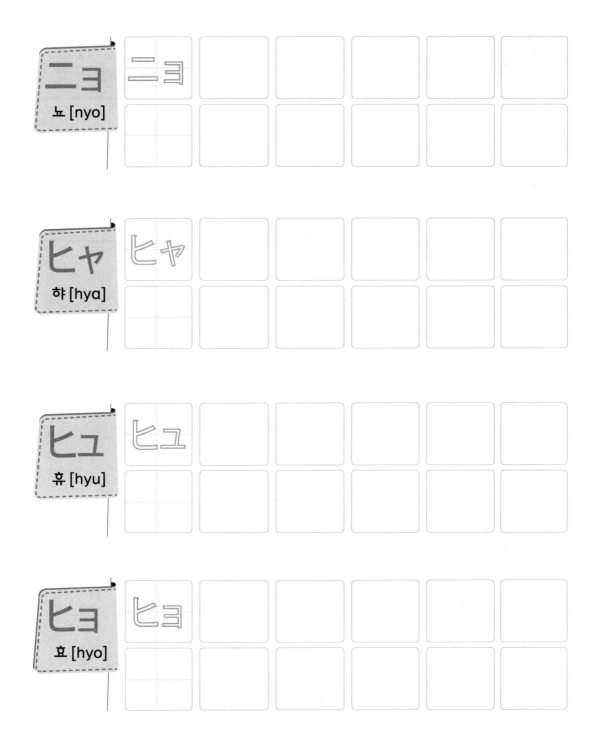

ニョ
뇨 [nyo]

ヒャ
햐 [hya]

ヒュ
휴 [hyu]

ヒョ
효 [hyo]

TRACK 11

ビャ	ビュ	ビョ
뱌 [bya]	뷰 [byu]	뵤 [byo]
ピャ	ピュ	ピョ…
퍄 [pya]	퓨 [pyu]	표 [pyo]

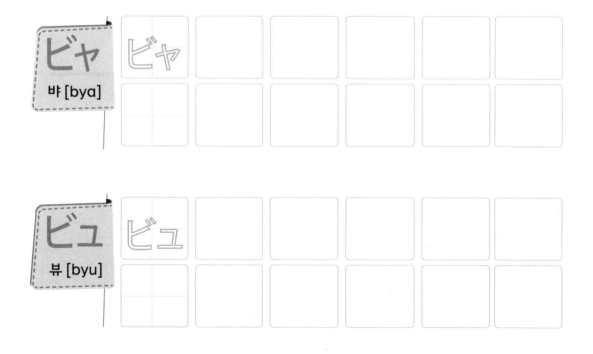

ビャ
뱌 [bya]

ビュ
뷰 [byu]

ビョ
뵤 [byo]

ピャ
퍄 [pya]

ピュ
퓨 [pyu]

ピョ
표 [pyo]

TRACK 11

ミヤ	ミユ	ミヨ
먀 [mya]	뮤 [myu]	묘 [myo]
リャ	リュ	リョ…
랴 [rya]	류 [ryu]	료 [ryo]

ミヨ
묘 [myo]

リャ
랴 [rya]

リュ
류 [ryu]

リョ
료 [ryo]

ア → マ		エ → ユ	
a / ma		e / yu	
シ → ツ		セ → ヤ	
shi / tsu		se / ya	
ス → ヌ		ク → ケ	
su / nu		ku / ke	
ソ → ン		チ → ケ	
so / n·m·ŋ·N		chi / ke	
テ → ラ		ヲ → ヨ	
te / ra		o / yo	
ヘ → ハ		ク → タ	
he / ha		ku / ta	

동인랑 일본어

카카오플러스에서 1:1 상담으로
함께 공부하세요!

30일만에 끝나는 대화식 강의

일본어
첫걸음
GO!

30일 완성

KakaoTalk
P 플러스친구
1:1상담

저자 김인숙
2판 1쇄 2018년 7월 20일
Editorial Director 김인숙
Printing 삼덕정판사

강의 녹음 김인숙, 高橋美香
발행인 김인숙
표지 디자인 김미선

발행처 디지스
내지 디자인 김소아

139-240
서울시 노원구 공릉동 653-5

대표전화 02-967-0700
팩시밀리 02-967-1555
출판등록 제 6-694호
ISBN 978-89-91064-80-5

Digis는 디지털 외국어 학습을 실현합니다.